中共十一届三中全会

19 读·党史
第19辑

中共十一届三中全会

汪 然/编

中共党史出版社

图书在版编目(CIP)数据

中共十一届三中全会/汪然编 .—北京：中共党史出版社，2014.2(2022.7 重印)

(读·党史)

ISBN 978-7-5098-2531-0

Ⅰ.①中… Ⅱ.①汪… Ⅲ.①中国共产党十一届三中全会(1978)—史料 Ⅳ.①D220

中国版本图书馆 CIP 数据核字(2014)第 014823 号

出版发行：中共党史出版社
责任编辑：潘　鹏
责任校对：龚秀华
责任印制：谷智宇
社　　址：北京市海淀区芙蓉里南街6号院1号楼
邮　　编：100080
网　　址：www.dscbs.com
经　　销：新华书店
印　　刷：北京君升印刷有限公司
开　　本：145mm×210mm　1/32
字　　数：116 千字
印　　张：5
印　　数：5001－7000 册
版　　次：2014 年 2 月第 1 版
印　　次：2022 年 7 月第 2 次印刷

ISBN 978-7-5098-2531-0

定　　价：15.00 元

目录

CONTENTS

CONTENTS

党和国家历史发展的伟大转折/汪敏

粉碎江青反革命集团，举国上下一片欢腾。人们早就对"四人帮"极其痛恨，希望尽早结束内乱，把中国建设成繁荣富强的现代化国家。但是，十年浩劫留下的后果十分严重，要在短期内消除这场内乱造成的政治上、思想上的混乱是很不容易的。党中央首先着手清查"四人帮"的帮派体系，部署开展揭发批判"四人帮"的运动，恢复党和国家的正常秩序，取得一定成绩。揭批"四人帮"，必然联系到十年内乱造成的冤假错案，对受迫害的干部、群众进行平反，特别是澄清"批邓、反击右倾翻案风"的是非，让邓小平重新出来工作和为天安门事件平反，成为广大干部群众的强烈要求。

然而，1977年2月7日，《人民日报》、《红旗》杂志、《解放军报》同时发表的社论提出"两个凡是"的方针，即："凡是毛主席作出的决策，我们都坚决维护，凡是毛主席的指示，我们都始终不渝地遵循"。这种对毛泽东生前的决策和指示拒绝作任何分析的观点的出现，说明长期以来"左"的指导思想还未从根本上改变。

1977年4月，尚未恢复领导职务的邓小平在给党中央的信中提出："我们必须世世代代地用准确的完整的毛泽东思想来指导我们全党、全军和全国人民"。此后，他多次在不同场合批评"两个凡是"。

陈云、叶剑英、聂荣臻、徐向前等一批老同志也反复强调实事求是的优良传统，抵制"两个凡是"的推行。

1977年7月，党的十届三中全会召开。会议决定恢复邓小平在1976年被撤销的全部职务。邓小平复出后，主动要求分管教育科学工作。他否定了曾得到毛泽东批准的"两个估计"(即：建国后十七年教育战线是"黑线专政"；知识分子的大多数是资产阶级知识分子)，肯定新中国成立后科教事业取得了很大成就，强调"科学技术是生产力"，为社会主义服务的脑力劳动者是劳动人民的一部分，使知识和知识分子重新受到重视，开始了科教领域的拨乱反正。1977年秋，在"文化大革命"中被废弃的高考制度得到恢复，全国高校重新通过统一考试招收新生。

1977年8月12日至18日，党的第十一次全国代表大会召开。大会总结同江青反革命集团的斗争，宣告历时十年的"文化大革命"已经结束，重申在20世纪内把我国建设成为社会主义现代化强国的根本任务。大会新产生的中央委员会选举华国锋为主席，选举叶剑英、邓小平、李先念、汪东兴为副主席。但这次大会仍然肯定"文化大革命"的错误理论和实践，因而没有从根本上着手纠正"文化大革命"的错误。

1978年二三月间举行的第五届全国人民代表大会第一次会议，选举叶剑英为全国人大常委会委员长；继续任命华国锋为国务院总理，任命邓小平、李先念、徐向前等13人为副总理。在此同时举行的全国政协五届一次会议，选举邓小平为全国政协主席。

人们急切地期待着中国迅速摆脱困境，迈开大步前进。但是，由于20世纪年代后期以来，特别是"文化大革命"中"左"倾错误的长期影响，个人崇拜仍在束缚着一些人的头脑，拨乱反正每前进一步，都十分艰难。揭批"四人帮"，受到"两个凡是"方针的限制；平反冤假错案，一遇到毛泽东批准的、定了的案子，便不准触动；在科学、教育、文化领域进行拨乱反正，也有人拿出毛泽东批过的文件进行阻挠。在生产上，混乱状况有所好转，国民经济得到比较快的恢复，人民生活水平也有所提高，但又发生急于求成的倾向，加剧了国民经济的比例失调。

面对“两个凡是”造成的思想阻碍，人们开始感到，要彻底澄清林彪、“四人帮”造成的思想混乱，不能不首先解决这样的问题，即：究竟应当用怎样的态度对待毛泽东的指示？判定历史是非的标准到底是什么？在广大干部群众对拨乱反正的强烈要求下，一批干部和理论工作者开始挣脱“两个凡是”的束缚，在不同场合讨论关于真理的标准问题并酝酿撰写文章。1978年5月11日，《光明日报》发表经中央党校副校长胡耀邦审定的《实践是检验真理的唯一标准》一文。此后，《解放军报》、《人民日报》、《光明日报》等报刊连续发表文章，一批老同志以不同的方式支持或参与讨论。在老一辈革命家的支持下，中央各部门、地方和军队的负责人相继发表讲话或文章，表明支持的态度；理论界、学术界、新闻界站在讨论前沿，踊跃参与。这场讨论受到社会各界的关注，表明真理标准问题已不仅是一个理论观点问题，而是关系到党和国家前途命运的重大政治问题。

真理标准讨论推动了各条战线的拨乱反正。人们开始摆脱“两个凡是”的束缚，实事求是地处理拨乱反正中遇到的问题。组织部门放手地平反冤假错案，提出不管是什么情况下定的、不管是什么人批的，该平反的都要平反；一些工业部门坚决贯彻按劳分配原则，恢复了一些过去曾遭批判的行之有效的做法；农村工作中，一些地方领导人从实际情况出发，大胆地对农村政策进行调整，在一定范围内纠正多年来农村工作中一些“左”的做法。

拨乱反正伴随着思想解放，人们的思想空前活跃。批判危害多年的极左思潮，恢复马克思主义的基本原理；反思过去的曲折，考虑未来的出路。党内开始酝酿对社会主义的若干体制进行改革。

1978年7月至9月，在国务院召开的务虚会上，许多同志提出改革僵化的经济管理体制、引进国外先进技术和资金的建议。李先念提出：实现四个现代化是一场根本改变我国经济和技术落后面貌的伟大革命，既要大幅度地改变目前落后的生产力，也就必然要多方面地改变生产关系和上层建筑。我们应该有魄力、有能力利用国外的先进技术、设备、资金和组织经验来加快建设。9月下旬，国务院召开的全国计划会议又提出，经济工作必须实行三个转变：一是把注意力转到生产斗争和技术革命上来；二是把管理制度和管理方法转到按照经济规律办事的科学管理的轨道上来；三是从闭关自守或半闭关自守状态转到积极引进国外先进技术，利用国外资金，大胆进入国际市场的开放政策上来。

当"两个凡是"的思想禁锢刚被冲破时，对我国发展的紧迫性和经济、政治体制存在的弊端有着很深感受的邓小平，先是在最高领导层内大声疾呼：社会主义就是要加快发展生产力，要学习、引进国外先进技术和管理经验，大胆改革经济管理体制。随后，又到部分省市，与地方领导谈他思虑已久的想法，促成解放思想的浩大声势。1978年9月，邓小平在东北三省视察，行程数千里，走一路讲一路，用他自己的话说是到处点火。他反复强调，现在摆在我们面前的问题，关键还是实事求是、理论与实际相结合、一切从实际出发。他呼吁：世界天天发生变化，新的事物不断出现，新的问题不断出现，我们关起门来不行，不动脑筋永远陷于落后不行。一定要根据现在的有利条件加速发展生产力，使人民的生活好一些。他还提出，揭批"四人帮"的群众运动要适时地结束，转入正常工作，把党和国家的工作重点转移到现代化建设上来。这一意见得到中央政治局常委的赞同。

1978年11月10日至12月15日，中央在北京召开工作会议。这次会议本来是要讨论经济工作的，会议的既定议程没有提到已经展开的

1978年12月，邓小平在党的十一届三中全会上发表讲话及大会会场

真理标准讨论和党内外普遍关心的端正党的思想路线、平反冤假错案等问题。对此，许多希望首先解决思想路线是非和重大历史是非的同志很不满意。陈云率先提出系统地解决历史遗留问题的意见，引起大多数与会者的强烈反响，从而改变了会议议程。在与会者的强烈要求下，11月25日，中央政治局终于作出为天安门事件平反，为"薄一波等六十一人叛徒集团"案等错案平反的决定，解决了一批重大的历史遗留问题。接着，会议对真理标准问题上出现的意见分歧进行讨论。经过思想交锋，会议要求确立实事求是思想路线的呼声更为强烈。12月13日，邓小平在闭幕会上作题为《解放思想，实事求是，团结一致向前看》的讲话。他指出：首先是解放思想，只有思想解放了，我们才能正确地以马列主义、毛泽东思想为指导，解决过去遗留的问题，解决新出现的一系列问题。一个党，一个国家，一个民族，如果一切从本本出发，思想僵化，迷信盛行，那它就不能前进，它的生机就停止了，就要亡党亡国。他还提出改革经济体制的任务。在中国面临向何处去的重大历史关头，这篇讲话是开辟新时期新道路的宣言

书。它受到与会者的热烈拥护，实际上成为随后召开的党的十一届三中全会的主题报告。

1978年12月18日至22日，党的十一届三中全会在北京召开。全会认为，应当结束揭批林彪、"四人帮"的群众运动，及时地、果断地把党和国家的工作着重点转移到社会主义现代化建设上来。全会增选陈云为中央政治局委员、常委，中央委员会副主席；增选邓颖超、胡耀邦、王震为中央政治局委员；增补黄克诚等九人为中央委员；选举出以陈云为第一书记的中央纪律检查委员会。这时，虽然华国锋仍担任党中央主席，但就体现党的正确指导思想和决定现代化建设的重大方针政策来说，邓小平实际上已成为中央领导集体的核心。

党的十一届三中全会是新中国成立以来党的历史上具有深远意义的伟大转折。这次全会彻底否定"两个凡是"的方针，重新确立解放思想、实事求是的指导思想，实现了思想路线的拨乱反正；停止使用"以阶级斗争为纲"的口号，作出工作重点转移的决策，实现了政治路线的拨乱反正；形成以邓小平为核心的党中央领导集体，取得了组织路线拨乱反正的最重要成果；恢复党的民主集中制的优良传统，提出使民主制度化、法律化的重要任务；审查和解决历史上遗留的一批重大问题和一些重要领导人的功过是非问题，开始了系统清理重大历史是非的拨乱反正。会议还提出要正确对待毛泽东的历史地位和毛泽东思想的科学体系，为纠正毛泽东晚年的错误、同时坚持和发展毛泽东思想指明了方向。这次全会作出实行改革开放的新决策，开始了中国从"以阶级斗争为纲"到以经济建设为中心、从僵化半僵化到全面改革、从封闭半封闭到对外开放的历史性转变。

由于一系列的根本性转变，党的十一届三中全会结束了粉碎"四人帮"后两年来党在徘徊中前进的局面。党在思想、政治、组织等领域的拨乱反正从这次全会开始全面展开。伟大的社会主义改革开放从这次全会揭开序幕。建设有中国特色社会主义的新道路以这次全会为起点正式开辟。党的十一届三中全会是中国进入社会主义事业发展新时期的光辉标志。它标志着中国共产党终于从严重的历史挫折中重新奋起，带领中国人民开始了改革开放和为实现社会主义现代化而奋斗的新长征。

目击伟大转折的序幕 /傅崇碧

1974年10月，在周恩来总理的亲切关怀和毛泽东主席的亲自过问下，我自林彪、江青一伙炮制出台"杨余傅事件"冤案，被送往沈阳丧失自由7年之后终于回到北京。1975年4月，中央军委任命我为北京军区第一副司令员，使我重新获得为党工作的机会，也因此获得了一个从领导高层的角度参与和目击我们党和国家如何度过1976年前后的非常时期，以及在邓小平同志领导下最终得以实现伟大转折的宝贵机会。

非常时期

1976年1月8日，周恩来总理逝世。

那一段时间我一直忙于军区工作，住在西山，很少回家。接到讣告，我赶往北京医院向周总理遗体告别。进了东交民巷，路上的许多人都放声大哭，我再也控制不住自己的感情，坐在车上掉了泪……周总理遗体火化那天，我和军区第二政委秦基伟（当时，第一政委为纪登奎，司令员为陈锡联）从军区赶去。从八宝山到北京医院，长街两旁群众肃立，上百万人伫立在寒风中为周总理的灵车送行，一直到很晚，群众都不肯离去。那天军区小食堂做了饭，许多干部都没去吃。15日，举行追悼大会，邓小平同志致悼词。根据周总理的遗嘱，将总理的骨灰撒在祖国的大地上。

1976年9月9日晚上，军区机要员送给我一份机密文电：毛泽东主席逝世了。当时消息属于绝密，不准讲，要到第二天上午9点钟听广播。我悄悄告诉了张爱萍和王震同志。我们的心中都无法平静。我们这些跟随毛主席出生入死一辈子革命的红军老战士，尽管在"文化大革命"中受过不公正的打击和迫害，但是，对毛主席深厚的热爱、敬仰之情，是永远不会改变的。在人民大会堂向毛主席遗体告别，我们只被允许列队看看，给毛主席守灵都不让我们去。许世友司令对"四人帮"非常恼火，曾愤怒责问为什么不让我们这些跟随毛主席的老同志去给主席守灵。毛主席逝世以后，局势相当紧张。许世友司令住在京西宾馆，他来医院看望老同志，悄悄地告诉我们说，江青一伙开会定了新的党中央人选，上海帮的人都到京西宾馆了。你们要注意，"四人帮"通知你们开会不能去，去了可能把你们抓起来，要你们的命。他说："我带了枪，他们要抓我，我就开枪，打死一个够本，打死两个赚一个。我明天就回南京，不在北京这危险的地方。"许司令这样一说，我们的心情也紧张起来，韩先楚、皮定钧、王震等同志都说，我们也要准备防身武器，以防万一。叫我们开会时先请示老帅，老帅不表态我们就不去。

我从医院坐车到西山叶帅家中，把许司令讲的情况向叶帅汇报了。叶帅说，"四人帮"一伙在人民中积怨很大，他们要捞棵稻草，却没捞到什么。叶帅还说，要斗争，但要注意斗争方法。他说完之后就弹钢琴去了。我看叶帅是挺乐观的。叶帅还告诉我："以后不要来这里

傅崇碧

了，王洪文住到了离我不远的地方在监视我，我离开这里到玉泉山去住，有事来玉泉山。”叶帅指示，掌握好部队的情况，防备“四人帮”搞鬼，并准备应付非常情况。我告别叶帅出来后，在门口遇见肖华和粟裕同志，他们也是来找叶帅的。

我回到301医院，把叶帅讲的情况告诉了韩先楚、皮定钧同志，他们也心中有了数。过了一个星期，叶帅找我去玉泉山。到了玉泉山，我看到聂帅也住在那里。不到10分钟，李先念副总理也来了。叶帅和聂帅问我部队干部战士的情况怎么样？对“四人帮”有什么看法？我说绝大多数干部对“四人帮”“揪军内一小撮”和想搞乱军队的倒行逆施不满。两位老帅让我很好地掌握部队，对江青在北京军区部队接见、照相、谈话的干部多做工作。

1976年10月6日，在关系党和国家前途命运的关键时刻，中央政治局采取果断措施，一举粉碎了“四人帮”反革命集团，挽救了党，挽救了国家。叶帅在粉碎“四人帮”的斗争中起了关键性作用。

再度兼任北京卫戍区司令

1977年7月16日，中共十届三中全会在北京召开。在这次会议上，邓小平同志恢复了中共中央委员，中央政治局委员、常委，中共中央副主席，中央军委副主席，国务院副总理，解放军总参谋长等职务。此后不久，叶帅和邓小平同志先后找我谈话，要我在北京军区工作再兼一段卫戍区工作，用8个月到1

年时间，整顿卫戍区。小平同志说："你百分之四十力量搞卫戍区整顿，百分之六十力量放在军区。"

1977年9月12日，中央军委任命我为北京军区第一副司令员兼任北京卫戍区司令员。相隔11年之后，我第二度出任卫戍司令，心里很不平静。

在我重新兼任北京卫戍区司令期间，邓小平同志曾多次找我谈话，对卫戍区工作做了许多重要、具体的指示。一次，小平同志找我谈话，对吴忠任卫戍区司令时的工作提出了严厉批评。我说："您的讲话对卫戍区工作很重要，我回去作传达，不如把卫戍区的领导带来，请您亲自给他们讲，这样力量就大了。"小平同志说："好！"于是，我把卫戍区的七八个领导都带到小平同志家里，小平同志讲到卫戍区在四五运动中的工作发了火，毫不留情地批评了当时出现的整干部、抓人、镇压群众等问题，让他们回去做检讨。他们也认识到了问题的严重性。

拨乱反正

1977年2月7日，《人民日报》、《解放军报》和《红旗》杂志即"两报一刊"发表《学好文件抓住纲》的社论，公开提出"两个凡是"，即"凡是毛主席作出的决策，我们都坚决维护，凡是毛主席的指示，我们都始终不渝地遵循"，并以此作为全国处理一切事情的指导思想。

1977年3月，胡耀邦同志调任中共中央党校副校长。在中央党校工作期间，他组织修改、审定了《实践是检验真理的唯一标准》的文章。该文先在中央党校《理论动态》上发表，1978年5月11日《光明日报》以特约评论员的名义公开发表此文。5月12日，《人民日报》、《解放军报》全文转载，全国绝大多数省、市、自治区的报纸也随之予以转载。由此，引发了关于真理标准问题全国性的大讨论。许多中央领导同志纷纷带头撰文或发表讲话，从党的历史和唯物主义的观点出发，倡导一切从实际出发、实事求是的马克思主义基本原理，批评"两个凡是"的错误。

1977年8月12日，中国共产党第十一次全国代表大会在北京召开。我作为十一大代表出席了大会。大会上，华国锋代表中共中央作政治报告，初步总结了同"四人帮"的斗争，宣告"文化大革命"已经结束，重申调动党内外一切积极因素，团结一切可以团结的力量，为在20世纪内把中国建设成为社会主义的现代化强国而奋斗。限于当时的客观历史条件，十一大从根本上说没有能够从党的指导思想和理论体系上完成拨乱反正的任务。

1978年11月10日至12月15日，中共中央在京西宾馆召开中央工作会议，我参加了这次长达36天的会议。中央工作会议由华国锋同志主持，原定讨论如何尽快把农业生产搞上去及商定1979、1980两年国民经济计划安排等问题。由于邓小平同志在此前提出的工作重心转移的建议已得到中共中央政治局常委的一致赞同，因此先讨论从1979年1月起把全党工作重点转移到社会主义现代化建设上来的问题。

在11月11日的第一次会议上，谭震林同志在发言中大胆提出：进行工作重心转移，先要解决一些问题，如1976年天安门事件、"文革"中"二月逆流"等问题。12日，陈云同志在东北组发言，详细谈到解决"文化大革命"中遗留的影响大、涉及面广的问题。陈云同志的讲话使各组发言空前活跃。大家一下子把会议的预定主题扭转了。

中央政治局常委认真研究了与会者的强烈愿望，并据此作出了正确的处理意见。11月25日，华国锋代表中央政治局宣布：

1. 为天安门事件平反。对因悼念周总理、反对"四人帮"而受迫害的同志一律平反。

2. 撤销关于"批邓、反击右倾翻案风"的全部文件。

3. 为所谓"二月逆流"一案平反。

4. 纠正过去对彭德怀、陶铸、杨尚昆等同志所作的错误结论。

5. 康生、谢富治有很大的民愤，对他们进行揭发批判是合理的。

6. 对于地方性重大事件，中央决定一律由各省、市、自治区党委根据情况实事求是地予以处理。

7. “三支两军”问题，成绩要肯定，出现的错误由中央承担责任。

（选自《纵横》2000年第4期）

历史转折关头的叶剑英/范硕

党的十一届三中全会是我们党和国家历史上非常重要的一次会议。这次全会为我们党重新确立了解放思想、实事求是的思想路线，实现了全党工作重点的历史性转变，开辟了改革开放、进行社会主义现代化建设的历史新时期。

十一届三中全会能够顺利召开和圆满结束，是与邓小平、叶剑英等老一辈无产阶级革命家的积极努力分不开的。本文侧重记述叶剑英在这次会议前前后后所作出的重要贡献。

力争邓小平复出，支持真理标准问题大讨论

1976年10月6日晚，党中央一举粉碎了“四人帮”，挽救了国家，挽救了党，从而结束了十年内乱。

粉碎“四人帮”后，叶剑英做的第一件大事，就是派人把这个特大喜讯通报给一直被“软禁”

的邓小平和其他被迫害的老一辈无产阶级革命家。他派自己的小儿子叶选廉驾车把邓小平接上山，两人见面，万分激动，邓小平长叫一声“老兄”，两双巨手便紧紧握在了一起。叶剑英向他传达了粉碎“四人帮”当夜玉泉山政治局会议精神。

“中国可以没有我叶剑英，但决不可以没有邓小平”，叶剑英曾向王震如是说。他多次建议华国锋：赶快让邓小平出来工作。但是，事与愿违，华国锋等仍坚持继续“批邓、反击右倾翻案风”。围绕批不批邓问题，党内展开了一场激烈的斗争。叶剑英抓住各种时机，继续在中央最高领导层耐心地做请邓小平复出的工作。他说，小平同志具有治党治国的全面经验，是我们党内难得的人才。毛主席、周总理多次赞扬过他。现在，党内、军内的绝大多数同志和全国人民强烈要求让小平同志出来工作。我们应该顺应民心，顺应潮流，尽快把小平同志请出来。

在当时中央还没有做出相应的恢复邓小平工作的正式决议的时候，叶帅一再对身边的工作人员说：“凡我看的文件，都要送给小平同志，让他看，熟悉情况。”继续派他的秘书给邓小平送文件，报告情况。1977年3月中央工作会议前，叶剑英对中央的一份重要文件的修改提了两条意见：一是天安门事件是冤案，要平反；二是对邓小平同志的估价，应把提法修改一下，为小平同志重新出来工作创造有利条件。就在3月的中央工作会议上，叶剑英、陈云、王震等不少老同志针对不让邓小平出来工作和不为天安门事件平反的问题，提出了强烈的批评。5月14日，在叶剑英住处，邓小平和徐向前、聂荣臻、王震等将帅聚会，叶剑英当着众人的面称邓小平是“老帅们的领班”，表达他的尊敬爱戴之情。叶剑英不断地为邓小平复出造舆论，反复做华国锋等的工作，坚持尽快恢复邓小平在党中央的领导职务。

时代潮流不可逆转，坚冰终于被打破。经过叶剑英等老一辈革命家反复努力，在全党、全军、全国各族人民的一致要求下，邓小平终于出来重新参加了中央的领导工作。1977年7月党的十届三中全会，正式通过了《关于恢复邓小平同志职务的决议》，恢复邓小平中共中央副主席、中央军委副主席、国务院副总理、中国人民解放军总参谋长等职务。7月30日，当邓小平突然出现在北京国际足球邀请赛的主席台上，全场欢呼，掌声雷动。邓小平以73岁高龄第三次复出，不仅在国内引起轰动，而且在全世界引起强烈反响。

为了给党的十一届三中全会做理论准备，叶剑英积极倡导恢复党的理论联系实际的优良作风，批判"两个凡是"观点，坚持完整准确地理解毛泽东思想。粉碎"四人帮"后，他就提议恢复中共中央党校，分期培训党的高级干部。1977年3月，党校复校，胡耀邦出任副校长，主持日常工作。10月9日，叶剑英出席党校开学典礼，发表了著名的《坚持和发扬理论联系实际的学风》的讲话，针对林彪、"四人帮"割裂马列主义、毛泽东思想，"骗人吓人"的罪行，他强调指出："我们在学马克思主义理论著作时，一定要提倡融会贯通，联系实际，实事求是，有的放矢。这就是说，要运用马克思主义的原理，运用马克思主义的立场、观点、方法，来分析、处理、解决我们的一切问题。可以说，理论愈多接触实际问题，愈敢接触实际问题，不是绕开问题走，不是模棱两可，含混不清，理论就愈加彻底，愈能掌握群众，愈可变成物质力量。党中央号召我们，一定要恢复和发扬实事求是的作风，做大无畏的彻底的唯物主义者。我相信，只要我们这样做，我们就一定能够把理论密切联系实际的学风普遍推广开来，就可以把我们党的事业推向前进。"他进一步阐明"理论联系实际"方针说：

"理论密切联系实际，我认为有

两层最基本的意思。一层是，一定要掌握理论。没有理论，一片白纸，凭什么去联系实际呢？另一层是，一定要从实际出发。如果理论不能指导实际，不受实际检验，那算什么理论！"叶剑英的这篇讲话，实际上是对"两个凡是"观点的有力批判。

1978年5月10日，中央党校《理论动态》第60期率先发表了由胡耀邦审定的《实践是检验真理的唯一标准》一文。11日，《光明日报》以特约评论员文章的形式予以转载，新华社向全国转发。这篇文章立即在全国范围内引起了一场影响深远的真理标准问题的大讨论。这一年7月政治局常委会上讨论开展真理标准问题讨论时，叶剑英旗帜鲜明地支持邓小平的主张，批评当时中央宣传部负责人的做法，公开表示"我不主张对讨论采取压制态度。对待毛泽东思想，不能采取教条主义态度"。

1978年9月11日，"文化大革命"中被迫停刊12年之久的《中国青年》在叶剑英等老一辈革命家支持下，终于复刊。叶剑英特意为其题词祝贺。复刊号第一期发表了《掌握科学，破除迷信》的特约评论员文章，引用了毛泽东在1954年讨论第一部宪法草案时讲过的话："我们除了科学以外，什么都不要相信，就是说，不要迷信"，批判了林彪、"四人帮"搞的"现代迷信"和"句句是真理"的错误口号。刊物还为1976年4月5日广大群众在天安门广场悼念周恩来的活动正名，发表了天安门诗抄，以"革命何须怕断头"为题报道了四五运动青年典型韩志雄的事迹。复刊号反映了人们的心声，在群众中竞相传阅。一时间，"破除现代迷信"的声浪在北京的上空涌动，严重地冲撞了"两个凡是"的禁区。当时主管群团工作的党中央副主席看到这期刊物立即打电话质问：《中国青年》为什么只有叶副主席题词，没有华主席题词？……并于9月14日召集该杂志社编辑人员到人民大会堂新疆厅进行严厉的批评。当时该杂志社社长兼总编辑关志豪等写信给叶剑英反映情况，要求解除禁令。在叶剑英和其他老一辈革命家的坚决支持下，复刊号得以发行。270万份《中国青年》在全国各地被迅速争购一空。《中国青年》复刊号的宣传内容是真理标准问题大讨论的一个组成部分，完全符合后来不久召开的党的十一届三中全会的精神。就这样，叶剑英和邓小平等为党的十一届三中全会召开，重新确立实事求是的思想路线打下了理论基础。

叶剑英和邓小平等中央领导同志一起主持中央工作会议和党的十一届三中全会，制定了党的思想路线、政治路线、组织路线

为了结束粉碎"四人帮"后两年的徘徊局面，制定正确的思想路线、政治路线、组织路线和一系列方针、政策，邓小平、叶剑英、陈云等老一辈革命家经过磋商，并征得华国锋同意，决定先召开中央工作会议为党的十一届三中全会作准备。但是华国锋为这次会议和党的十一届三中全会确定的议题是解决经济问题。由于陈云等许多同志强烈要求解决当时党内外普遍关心的一些重大问题，彻底纠正"文化大革命"的错误，中央工作会议才改变了原定的议程，着手解决"文化大革命"乃至新中国成立以来若干重大理论问题和历史问题，从1978年11月10日到12月15日，一直开了36天。一个工作会议会期如此之长，这在中国共产党的历史上是少有的。这次工作会议是在重大的理论和实践问题上解放思想、拨乱反正的会议，为党的十一届三中全会的顺利举行，准备了充分的条件。

12月13日，在中央工作会议闭幕会上，邓小平作了题为《解放思想，实事求是，团结一致向前看》的重要讲话，实际为党的十一届三中全会奠定了基本指导思想。

在中央工作会议闭幕会上，

陈云、邓小平、华国锋、叶剑英、李先念、汪东兴（左起）在中共十一届三中全会上

叶剑英作了长篇讲话。他在讲话中完全拥护邓小平的讲话和“解放思想，实事求是，团结一致向前看”的会议指导思想和工作指导方针，充分肯定把全党工作的着重点转到社会主义现代化建设上来。他引证列宁的话说：“‘理论要变为实践，理论要由实践来鼓舞，由实践来修正，由实践来检验’。实践是检验真理的唯一标准，这是一条马列主义的基本原理，是不容置疑的。”

在中央工作会议后，紧接着，1978年12月18日至22日，中共中央召开了十一届三中全会。

会上，叶剑英在讲话中分析了国内外形势，指出我国正处在一个重要的历史转折时期。国际形势对我们很有利，世界上大多数国家都希望有一个强大的中国。这有利于我们吸收外国的先进技术，来加速四个现代化的建设。从国内来讲，我们粉碎了“四人帮”，全国人民从来没有像今天这样精神振奋，万众一心，迫切希望早日实现祖国的社会主义现代化。这是我们的事业将能取得成功的基本保证。我们应当不失时机地充分地利用这种国际和国内的有利形势，把我国社会主义现代化建设尽快地搞上去。

叶剑英还专门讲了“发扬民主，加强法制”问题，他强调指出：我们要实现社会主义现代化，还必须认真实行民主集中制。只有充分发扬民主，才能最大限度地调动起广大干部和群众的积极性，集思广益，群策群力地建设社会主义，保障广大干部和群众有对领导实行监督和批评的权利，使我们的社会主义现代化建设事业有切实的保证。他针对林彪、“四人帮”破坏民主法制造成的恶果，总结教训说：“林彪、‘四人帮’从反面给了我们血的教训，使我们懂得，一个国家非有法律和制度不可。这种法律和制度要有稳定性、连续性。它们是人民制定的，代表社会主义和无产阶级专政的最高利益，一定要具有极大的权威，只有经过法律程序才能修改，而不能以任何领导人个人的意志为转移。”

在叶剑英等积极支持下，全会审查和纠正了过去对彭德怀、陶铸、薄一波、杨尚昆等同志所做的错误结论，肯定了他们对党和人民的贡献。叶剑英在西山住地亲切接见了被诬为“六十一人叛徒集团”的薄一波、安子文等同志，难过地说：“你们辛苦了！……”

从中央工作会议到党的十一届三中全会，整个会议期间，叶剑英和其他老一辈革命家一道，纠正“文化大革命”及其以前的“左”倾错误，批判“两个凡是”，始终坚持实事求是的原则，强调按照历史实际充分肯定毛泽东的伟大功勋，完整地准确地掌握毛泽东思想的科学体系，并在新的历史条件下加以发展。

叶剑英带头贯彻党的十一届三中全会精神，使之开花结果，落到实处

党的十一届三中全会结束后，叶剑英不顾自己年高体弱，不遗余力地贯彻执行会议精神。他全力支持邓小平，同党中央的领导同志一道，有步骤地解决新中国成立以来的许多历史遗留问题和实际生活中出现的新问题，拨乱反正，把在“文化大革命”十年中受到严重扰乱和破坏的各方面的社会关系调整过来，进行了繁重的建设和改革工作。

第一，全面深入宣传党的十一届三中全会精神。为了深入宣传贯彻党的十一届三中全会精神，叶剑英代表党中央和人大常委会在1979年9月29日庆祝中华

人民共和国成立30周年大会上发表讲话，对新中国成立以来的历史作了回顾和初步总结，指出，林彪、"四人帮"的极左路线时间很长，流毒很广，党内外还有不少人仍然对它认识不清楚，需要继续深入批判这条极左路线。他重申党的十一届三中全会提出的解放思想、实事求是的方针，重新恢复的党的辩证唯物主义的思想路线，是粉碎"四人帮"以后最根本的拨乱反正。他强调说："解放思想，归根到底，目的是为了团结全党和全国人民，脚踏实地地有计划有步骤地实现四个现代化。解放思想是为了反对唯心主义，坚持唯物主义，决不是随心所欲，盲目蛮干。决不要浮夸，决不要说假话，说大话，说空话。解放思想，要尊重客观规律，研究客观规律，照客观规律办事。不但要研究整个社会主义建设的普遍规律，还要研究各个方面建设工作的特殊规律；不但要研究

人民日报

RENMIN RIBAO

让我们更加紧密地团结在毛泽东思想的旗帜下，团结在以华国锋同志为首的党中央周围，为根本改变我国的落后面貌，把我国建成现代化的伟大社会主义强国而奋勇前进！

中国共产党第十一届中央委员会第三次全体会议公报

中国共产党第十一届中央委员会第三次全体会议公报

（一九七八年十二月二十二日通过）

（一）

（二）

1978年12月24日，《人民日报》刊发中共十一届三中全会公报

我们自己的经验，还要有分析地研究外国的有关经验。要深入研究前进中遇到的新问题，努力探索最有利于发展社会生产力、最有利于提高人民劳动积极性和生活水平的措施，调整和改革我们的经济结构、管理体制和方法。在解决问题的时候，要坚持典型调查、解剖麻雀、一切经过试验等行之有效的马克思主义方法，真正做到情况明，决心大，方法

对，力求今后少走弯路，不走大的弯路，比较顺利地到达目的地。”

第二，坚决支持和维护中央新的领导集体。如何加强党的建设，逐步实行政治体制改革，这是落实党的十一届三中全会精神的一个重要方面。在党的十一届三中全会上，中央领导集体经过组织调整，尽管华国锋仍然是中共中央主席，叶剑英、邓小平、李先念、陈云、汪东兴为副主席，但实际上确定了邓小平的领袖地位。正如邓小平所说：“党的十一届三中全会建立了一个新的领导集体，这就是第二代的领导集体。在这个集体中实际上可以说我正处在一个关键地位。”形成以邓小平为核心的第二代领导集体，是党的十一届三中全会的重大成果。

党的十一届三中全会以后，叶剑英衷心维护邓小平的核心领导地位。他在中央各种会议上继续极力推举邓小平，宣扬这位卓越的领导人在指导和推动全党进行拨乱反正、重新确立马克思主义路线过程中所发挥的关键性作用和作出的卓越贡献。1980年11月29日，叶剑英在中央政治局的重要会议上，再次对邓小平的功绩作了高度评价。他说：“大家知道，小平同志在历史上对党作出过杰出的贡献。粉碎‘四人帮’以后，在每一个重要关头，他都敏锐、果敢地提出一些正确的决策和主张。在我看来，小平同志具有安邦治国的卓越才能，他当全党的‘军师’和全军的统帅，是当之无愧的。”叶剑英向中央多次提出将邓小平的名字排在他之前。1981年6月，他又给中央写信，请求改变中央政治局常委名次的排列，将他的名字放到邓小平之后。薄一波就叶剑英在历史重大转折时刻主动让位，再三请邓小平主持中央工作，敬佩地说：“他总是大事不糊涂，这一点非常了不起，非常伟大！”在中央政治局领导下，叶剑英同邓小平一起，为恢复中共其他老同志的工作，荐引年富力强的同志担任党中央和国家领导职务，实现新老交替，作了很大努力，使党和国家有了一个坚强的领导核心。

1979年，他鉴于党中央的领导机构已趋健全，特别是年富力强的同志已挑起了重担，便给中央政治局常委逐个做工作，要求同意他退出中央的领导岗位，但中央仍希望他留在领导岗位上。

党的十二大之后，他一再强烈要求，终于实现了"以己之退，促党的事业之进"的愿望，以自己的模范行动，为全党作出了楷模。

第三，为实行经济体制改革尽心尽力。为了把国民经济尽快发展上去，叶剑英不仅以党和国家领导人的身份，向全党和全国人民群众发号召，提要求，自己更是以80多岁的高龄，亲自实践，辛勤操办。在他主持的一年一度的全国人大全体会议上，总要把审查和批准国民经济和社会发展计划及计划执行情况的报告，审查和批准国家的预算和预算执行情况的报告作为会议的重要内容。对于国务院的工作，则进行认真的监督。他还领导全国人大和人大常委会制定了一系列经济法规，保证经济建设中各项工作的顺利开展。1979年4月，叶剑英视察葛洲坝水电工程。随后，他到广东深圳、珠海等地，亲自与干部、群众座谈，商量办好特区问题。他与邓小平在广州，听取了广东省委负责同志关于广东在对外开放中实行特殊政策问题的汇报，表示大力支持，并要求他们尽快拟出经济特区条例。当时对创办特区有人赞成，有人怀疑，有人反对。为了弄清情况，1980年4月，叶剑英又一次到广东实地调查，坚定了信心，对深圳、珠海两市的领导同志说，你们办得很好，希望大家努力，勇敢创新，大胆引进外资，把特区建设好。1980年8月，叶剑英在邓小平支持下领导全国人大常委会，在较短时间内即批准了《广东省经济特区条例》。这可以说是全国第一个开辟特区、使特区工作有所遵循的法律。

第四，主持制定第四部《中华人民共和国宪法》和各项法律法规。党的十一届三中全会结束后，叶剑英通过媒介大造舆论，大力进行法制的宣传教育工作。1979年2月，叶剑英就法制建设问题专门向新华社记者发表了谈话。他说："我们党的十一届三中全会总结了建国以来经济建设的教训。近三十年的实践证明，要使我们的国民经济高速度地稳定地向前发展，就要保持必要的社会政治安定。而为了持久地保持安定团结的政治局面，就要充分发扬党内民主和人民民主，并要健全社会主义法制。""只有在充分发扬民主的基础上，才能确立健全的社会主义法制，也只有认真贯彻执行社会主义法制，才能切实保障人民的民主权利。"他还在谈话中提出了完善法制的一些根本原则、要求。

叶剑英以极大的精力投入了领导修改《中华人民共和国宪法》的工作，亲任宪法修改委员会的主任委员，宋庆龄、彭真任副主任委员。接着，他主持召开了宪法修改委员会首次会议，并在会上就修改宪法的基本指导思想和要求、方法等问题，提出了重要意见，得到宪法修改委员会全体同志的一致赞同和拥护，表示在修改工作中认真贯彻执行。经过历时两年多的反复修改、多次讨论，终于定稿。在1982年12月4日召开的五届人大五次会议上，全体人大代表以无记名投票方式，一致通过了由叶剑英委员长主持制定的第四部《中华人民共和国宪法》。叶剑英以普通人大代表的身份，庄严地投了赞成票。他在大会闭幕式的讲话中，高度评价这部宪法说："大会通过的新宪法，是建国以来最好的一部宪法，既总结了三十多年来正反两方面的经验教训，又集中了全国各族人民的智慧。我深信，新宪法的公布和实施，一定会把我国的社会主义民主和法制的建设推向一个新的阶段。"

从1979年2月至1982年12月，叶剑英主持发布了14号"委员长令”，公布了他主持五届人大制定的14个法律。还签署了12个人大常委会令，公布了一系列由人大常委会制定的法律、条例和决议，要求全体公民认真执行，做到有法必依，执法必严，违法必究。同时亲自接待和处理上访人员和信件，多次亲自过问、要求有关部门彻底平反冤假错案，不留尾巴，做到合理又合法，使全党满意，人民放心。

第五，发展对外友好关系，做好华侨及港、澳、台方面的工作，争取台湾早日回归祖国，完成祖国统一大业。党的十一届三中全会以后，叶剑英作为全国人大常委会委员长，积极参与制定党和国家在新的历史条件下的外交方针和政策，继续进行大量的外事活动。他先后接待了大量来访的外国元首、政府首脑和知名人士，对于发展我国同其他各国的友好关系作出了重要贡献。他自己也赢得了世界上许多国家的政治家和人民的尊敬与爱戴。

党的十一届三中全会刚刚结束，1978年12月26日，他主持召开五届人大常委会第五次会议，讨论通过了《中华人民共和国全国人民代表大会常务委员会告台湾同胞书》。在1979年1月1日中美建交的时候，他代表全国人大常委会正式发表了《告台湾同胞书》，宣布了和平统一祖国的大政方针。

全文2000多字的《告台湾同胞书》，言词恳切，感情真挚，含义深远，反映了全国各族人民的心愿，说出了包括台湾同胞在内的全国人民的心里话，也受到海外侨胞和国际上友好国家、进步人士的热烈欢迎。台湾海峡逐步出现了和缓气氛。1981年9月30日，在庆祝中华人民共和国成立32周年、辛亥革命70周年前夕，叶剑英利用这一时机，向新华社记者发表了重要谈话，进一步阐明台湾回归祖国、实现和平统一的九条方针。

《告台湾同胞书》与“九条方针”，充分体现了中国政府对解决台湾、香港问题，实现祖国统一的大政方针、基本立场和态度，对推动祖国统一大业的进程，对"一国两制"这一基本国策的最终确立，对于香港的胜利回归，起到了十分重要的作用。

叶剑英在实现争取包括台湾在内的祖国统一大业中，不仅花费大量心血，参与研究、制定党和国家对台湾和港澳的方针政策，而且利用他长期做统战工作的有利条件，利用过去建立起来的各种关系，继续直接做这方面的工作。他十分关注在台湾和海外的一些国民党军政界的熟人、朋友的情况。这些老朋友也很仰慕和敬重曾与国民党进步人士长期合作的叶剑英。他们从海外回国观光探亲时，都希望能见到他。叶剑英虽然年事已高，行动不便，但他认为这是统一祖国大业的重要工作，总是尽力满足来访者的要求。他多次在北京、上海、广州等地会见海外的故旧袍泽，同他们叙旧情，拉家常，了解他们的生活、工作，向他们介绍祖国的发展情况。

叶剑英还多次会见何贤、霍英东、曾宪梓、包玉刚、马万祺、曾广淼等港澳知名人士，热情地同他们交谈，做了大量工作，争取他们为统一祖国和支援祖国建设事业出力。他在港澳同胞中，享有很高的威望。1983年5月21日，出席全国政协六届一次会议的部分港澳委员，专门到叶剑英的住所看望他，并带去了全体港澳委员给他的致敬信。

叶剑英的名字是与党的十一届三中全会连在一起的。他为筹备会议的召开创造了时机和条件，提供了政治基础和理论基础；会议期间他同与会同志共同讨论制定全会的路线、方针、政策；会后又为贯彻落实会议精神，殚精竭虑，狠抓落实。

（摘自《党史天地》1998年第12期）

邓小平中央工作会议讲话稿起草经过

/韩钢

邓小平同志逝世后的第三天，即（1997年）2月22日，郑惠同志和我一道去著名学者于光远同志家约稿。谈话间，于老偶然说起小平同志在1978年12月中央工作会议闭幕会上讲话稿起草的一些情况，还说他保存有小平亲自拟定的这篇讲话的提纲手稿。这真是一个意外而又重要的发现！因为小平同志的这篇讲话，就是以《解放思想，实事求是，团结一致向前看》为题收入《邓小平文选》第二卷的著名文章，在文章的题解中被称作"实际上是三中全会的主题报告"。这是我们党和国家处在历史转折时刻的一个极其重要的指导文件。我们知道海内外对于这篇文稿的起草情况有过一些不同的说法，但从来没有听说小平同志自己写过一份提纲，这引起我们想要看到这份提纲和了解这篇讲话稿产生经过的极大兴趣。

这份提纲是小平同志用铅笔写在16开的白纸上的，一共3页，近500字。由于年深日久，纸面已微微发黄。小平同志的提纲列了七个方面的问题：一、解放思想，开动机器；二、发扬民主，加强法制；三、向后看是为的向前看；四、克服官僚主义、人浮于事；五、允许一部分先好起来；六、加强责任制，搞几定；七、新的问题。在最前边，还加了，"对会议评价"一句。这当然是指对中央工作会议的评价。

于光远

原来，小平同志的讲话稿是在中央工作会议期间写成的。最初请另外的同志起草了一个稿子，小平看了不满意。他就亲拟了这份提纲，召集胡耀邦、于光远等来谈起草讲话稿的问题。小平同志按照这个提纲，谈了讲话稿所要写的几个部分的问题，对需要阐明的思想观点、方针政策都一一作了交代，讲得很具体。光远同志清楚地记得，讲话稿的题目也是小平同志提出的。小平同志问这个题目好不好；耀邦说好，光远也说好，觉得题目很新鲜，醒目。当时，胡耀邦是中央组织部部长，于光远是国务院研究室负责人之一，都是中央工作会议上十分活跃的人物。小平同志将提纲交给他们，指示他们负责重新起草稿子。这时中央工作会议正在民主大发扬的热烈气氛中进行，议程已经过半，时间很紧迫。胡耀邦、于光远于是赶忙找了国务院研究室林涧青等执笔起草。两天之后初稿形成，送给小平同志。他再次召集耀邦、光远等同志逐字逐句地边念边作修改。以后又经过若干文字润色，形成了最后的讲话稿。讲话稿起草完之后，这份提纲手稿就留在于光远手里，一直保存至今。

经过与《邓小平文选》对照，可以看出，从思想观点、逻辑结构到主要观点的文字表述，讲话稿都是根据提纲写成的。

提纲第一个问题讲了“实践是检验真理的标准——争论的必要”，重申坚持党的“实事求是，理论和实际相结合，一切从实际出发”的思想路线，号召“全党全民动脑筋”。这个问题写成了讲话稿的第一部分："解放思想是当前的一个重大政治问题"。

提纲第二个问题强调"民主集中制的中心是民主"，要求实行"民主选举、民主管理（监督）"，坚持"政治与经济的统一"，提出"目前一时期主要反对空头政治"，主张"权力下放"。这些观点集中体现在讲话稿的第二部分："民主是解放思想的重要条件。"

提纲第三个问题提出了"向后看是为的向前看"的方针，指出"解决遗留问题要快，要干净利落，时间不宜长"；同时强调对毛主席和对"文化大革命"的评价都"要大局为重"，"安定团结十分重要"；对于犯错误的人要"给机会"，"总结经验，改了就好"。这些精神，在讲话稿的第三部分"处理遗留问题为的是向前看"中作了具体的阐述和发挥。

提纲第四、五、六、七个问题，在讲话稿中综合为第四部分："研究新情况，解决新问题"。当时改革开放在中央工作会议上尚未正式列入议事日程，但提纲提出的这几个问题，实际上大都是讲的改革。这说明正是小平同志，提出了中国改革开放的新思路。

基于要把工作重心转移到经济建设上来的观点，小平同志在提纲中突出强调了经济管理方法和管理制度改革的必要性，明确主张要"克服官僚主义、人浮于事"，"学会管理，选用人才，简化手续，改革制度（规章）"，要"用经济方法管理经济"，并且提出要搞试点，"以一批企业做出示范"。主张在经营管理上"加强责任制"，"搞几定"，而且要"从引进项目开始"，"请点专家"，即要借鉴国外的先进管理方法。考虑到经济体制改革后可能出现的问题，小平同志在提纲中强调了企业党委的改革，提出要"扩大管理人员的权力"，"党委要善于领导，机构要很小"，还提出"人员考核的标准"，"多出人员的安置"要通过"开辟新的行业"的办法来找出路，这实际上为改革不合理的管理、人事制度和产业结构提出了新的思路。

在提纲中最为引人注目的两

个思想，一是"允许一部分先好起来"，明确指出"这是一个大政策"。这是改变长期形成并成为顽症的平均主义的分配体制，以"先好起来"的示范作用推动整个国民经济发展、人民生活改善的一个基本政策。二是"自主权与国家计划的矛盾，主要从价值法则供求关系（产品质量）来调节"。小平同志在强调下放自主权，发挥国家、地方和企业这三方面的积极性的同时，已经清醒地预见到自主权与国家计划的矛盾问题，并且大胆地提出了通过价值法则供求关系（实际上就是市场）来调节的观点。在提纲中还写下"国内市场的重要"这样的语言。这在当时的历史条件下是极其可贵的。可以说，这是邓小平后来的建立社会主义市场经济体制思想的最早萌芽。

十一届三中全会召开时，全党着重关注的，是进行思想上、政治上和组织上的拨乱反正，经济的恢复和发展。改革还没有成为全党注意的中心。相对于拨乱反正来说，改革是一场复杂得多、艰巨得多、深刻得多的革命。邓小平在提纲中提出的关于改革的一系列富有创造性的观点和主张，是他对新中国成立以来历史经验深思熟虑的结果，显示了他过人的智慧和超前的意识。

新发现的这份提纲手稿本身和讲话稿起草经过都表明，讲话稿是在小平同志精心设计、直接指导下写成的。

（摘自《百年潮》
1997年第4期）

十一届三中全会邓小平"主题报告"的形成过程/程中原

邓小平1978年12月13日下午在中央工作会议闭幕会上的讲话《解放思想，实事求是，团结一致向前看》，是党的十一届三中全会实际上的"主题报告"，是"开辟新时期新道路、开创建设有中国特色社会主义新理论的宣言书"。

最初的酝酿和起草

邓小平在中央工作会议上的讲话稿，在1978年10月就开始酝酿起草了。讲话的主题由邓小平确定：实行全党工作重点的转移。当时正处在揭批查"四人帮"第三战役的高潮中，重点转移是邓小平9月在东北视察时提出的，在当时是一个新的提法、新的战略。

10月下旬，胡乔木在天津、上海调查研究，接到通知，要他29日回北京，说邓小平访日归来后要同他谈在中央工作会议上讲话稿的起草问题。胡乔木回京后，到邓小平那里谈了一次，就接手带领人搞讲话稿。邓小平11月5日要启程到泰国、马来西亚、新加坡访问，预定10天。要在邓小平出访之前完成起草工作，时间很紧迫。邓小平表示，访问回来再详谈讲话稿事，胡乔木这才放心。11月8日，稿子写成，即发邓小平处。

邓小平11月14日回到北京。看

过稿子后，于16日把胡乔木找到家里，谈讲话稿的修改意见。这次谈话后，胡乔木按邓小平的意见，经过三天修改，形成讲话初稿，让秘书抄清，送给邓小平阅改。

从上述起草经过可见，这篇初稿并不是胡乔木的越俎代庖，而是根据邓小平确定的主题和谈话的要求起草，按照邓小平的意见修改而成的。既是初稿，当然还需要进一步加工、修改、充实、完善。

初稿的主要内容是结合当时实际论述重点转移的战略方针和实事求是的思想路线。初稿开宗明义，说明讲话的主题："中央政治局常委和中央政治局一致决定，必须从明年一月起，及时地把全党工作的着重点转移到社会主义现代化建设上来，这是一个非常重要的决定"，并指明"这是一个带根本性质的转变"。

初稿从三个方面论述重点转移的历史意义：一、"这是在本世纪内实现四个现代化的根本保证"，而"实现四个现代化是我们整个国家和民族的大革命"。二、重点转移"就要迅速发展生产力，并且在发展生产力的基础上改革不适应的生产关系，改革不适应的上层建筑，使社会主义不断得到巩固和前进"；三、重点转移"将大大加强党与全国广大群众的联系，提高我们党在全国人民和全世界革命人民中的威信"。

初稿进而论述了"应该怎样实行这个转变"。提出解放思想、平反冤案错案、使民主制度化法律化、改革、处理好阶级斗争问题等重大的路线、方针、政策。

初稿写道："第一，要解放思想。""现在全党要实行工作着重点的转移，一定要把解放思想放在第一位。"提出："全党解放思想，开动脑筋"，"一定要放下许多包袱，同时一定要开动机器"，"提倡和实行从实际出发"，"重新学习和讨论实事求是，一切从实际出发，实践是检验真理唯一标准，理论和实践结合，这样一些根本观点，恢复和发扬毛主席的马克思主义的思想路线"。"第二要调动一切积极因素。"着重讲了三点：一、"调动一切积极因素，就得把林彪、‘四人帮’制造的以及一切历史上遗留下来的冤案错案来一个清理”。“最近时期的一系列事实证明，把林彪时期的和‘四人帮’时期的冤案错案一起平反很有必要”，不仅如此，“在文化大革命以前，主要是一九五九年和一九五七年两次，有些冤案错案，也要实行有错必纠。”二、为了调动一切积极因素，要正确解决知识分子问题，这与实现四个现代化关系十分密切。指出”现在的知识分子绝大多数已经成为工人阶级知识分子，党的团结教育改造知识分子的历史任务基本上是胜利完成了。”此外，还提出“农村地主富农的后代问题”主张“应该一律取消这些人的地主富农帽子”。三、“调动一切积极因素是无产阶级的长期政策”，“一定要使无产阶级专政和社会主义民主（两者是一件事）制度化、法律化，使这种制度和法律不因领导人的改变，不因领导人的看法和注意力的改变而改变”，要做到“有法可依，有法必依，违法必究”。“第三是改革一系列不适应发展生产力需要的生产关系和上层建筑。”“第四还是要处理好阶级斗争的问题。”指出：“社会主义社会中的阶级斗争，既不应该夸大，也不应该缩小，夸大了会把社会主义当作资本主义来否定，缩小了会把资本主义当作社会主义来肯定，我们要严密社会主义的经济制度和政治制度，但是都还有一些空子可钻，都还有一些人要钻空子，这就有了产生新生资产阶级分子的可能。在同资本主义国家的经济交往增加以后，这种可能性一定还会增加。我们一定要经常保持清醒头脑，随时采取必要的措施，务必要使阶级敌人的一切活动在开始出现的时候就加以消灭，不要等问题成了堆再去处理。”这一部分沿用了1977年8月党的十一大继续采用的“党内走资本主义道路当权派”的提法，说“王张江姚”等是不折不扣的走资派，此外，没有什么不妥当的地方。

上引初稿中的这些内容，我们无法分清哪些是在起草之前邓小平同胡乔木谈的，哪些是胡乔木的阐述发挥，但同邓小平十一届三中全会前后的言论对照来看，总的说来，是符合邓小平的思路和观点的。上引初稿中的不少提法以至语句在邓小平中央工作会议闭幕会上讲话的定稿本中依然采用，也是一个很有力的证明。

邓小平12月2日的讲话提纲和讲话稿的起草

中央工作会议开始以后，形势发生了出乎意料的好的变化。不仅工作重点转移的问题意见比较一致，没有什么阻力，而且天安门事件已经平反，重大历史遗留问题的解决也较顺利，11月25日华国锋代表政治局在全体会议上宣布了这些决定。邓小平敏锐地觉察到，原来准备着重讲的重点转移问题不需要特别加以强调了，解放思想等问题原来的讲法显得不够，可以进一步结合现实存在的问题讲得更加深透；同时，在历史转折关头，许多新的情况、新的问题突现出来，需要党的领导人抓住机遇，及时提出，进行分析，作出回答，指明方向。

在这样的情况下，邓小平决定，他的讲话稿要重起炉灶。

1978年12月2日，邓小平为起草讲话稿约见胡乔木。胡乔木当时正忙于修改要提交党的十一届三中全会讨论的加快农业发展和关于农村人民公社的文件，就邀于光远一同前往，以便了解意图，让于光远先行组织人起草。

谈话前，邓小平已经写了三页"讲话提纲"，"对会议评价"之外，列了七个问题。邓小平按提纲谈了他重新考虑过的在会上讲话的内容。谈话后，胡乔木即要于光远同林涧青先组织人起草。这样，这份珍贵的手稿，一直留存在于光远处。于光远夫妇1997年2月找出，并在《百年潮》1997年第4期上披露。

这份手稿是邓小平用铅笔写在16开白纸上的，一共三页，约500字。内容如下：

对会议评价

一、解放思想 开动机器

理论的重要

实践是检点〔验〕真理的标

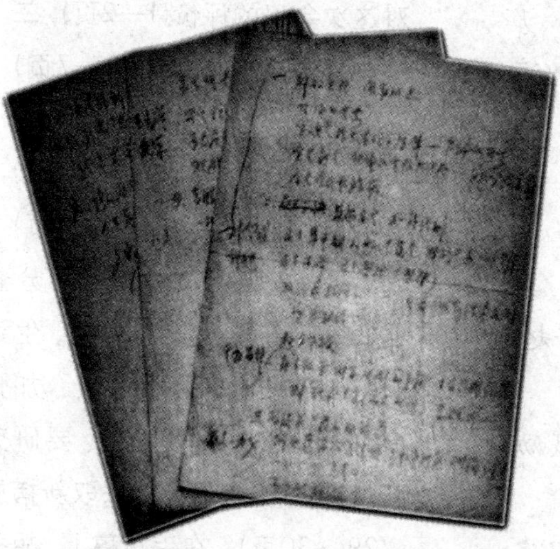

《解放思想，实事求是，团结一致向前看》的讲话提纲手稿

准——争论的必要。

实事求是　理论与实际结合一切从实际出发

全党全民动脑筋。

二、发扬民主，加强法制

民主集中制的中心是民主，特别是近一时期。

民主选举　民主管理（监督）政治与经济的统一　目前一时期主要反对空头政治

权力下放

千方百计

自主权与国家计划的矛盾主要从价值法则供求关系（产品质量）来调节

三、向后看为的向前看

不要一刀切

解决遗留问题要快，要干净利落，时间不宜长

一部分照正常生活处理

不可能都满意

要告诉党内外，迟了不利。

毛主席

文革

安定团结十分重要

要大局为重

犯错误的，给机会：总结经验，改了就好。

四、克服官僚主义　人浮于事

一批企业做出示范

多了人怎么办

用经济方法管理经济

扩大管理人员的权力

学会管理

选用人材

简化手续

改革制度(规章)

党委要善于领导

机构要很小

干什么

五、允许一部分先好起来

这是一个大政策

干得好的要有物质鼓励

国内市场的重要

六、加强责任制 搞几定

从引进项目开始

请点专家

七、新的问题

人员考核的标准

多出人员的安置

(开辟新的行业)

大约两天以后，按邓小平“讲话提纲”起草的稿子交到了胡乔木的手里。这是一份手写稿，看来是于光远、林涧青组织起草的稿子的抄清稿，8开稿纸30页，约12000字，上面有三个人的笔迹。手写稿没有标题。它的结构，与邓小平的“讲话提纲”相一致，七个问题加上“对会议评价”共八部分：一、对这次会议的评价(1—2页)；二、解放思想，开动机器(2—7页)；三、发扬民主和加强法制(8—13页)；四、讲讲向前看(14—18页)；五、克服官僚主义(19—22页)；六、要使一部分地区、一部分企业、一部分社员先富起来，生活先好起来(23—26页)；七、加强责任制(27—28页)；八、要研究新情况，提出新问题，采取新措施(29—30页)。在手写稿上，胡乔木没有作什么修改，只作了十几处文字改动(见第5、8、10、12、13、14、16、19、20、21、27页)。看得出来，是读稿子时随手改的。

邓小平有没有看过这份稿子，很难判断。从后来的谈话可见，这一稿的基本样子他是知道的，但可以肯定，邓小平对这一稿并不满意，也没有同起草的同志“逐字逐句地边念边作修改”。

邓小平12月5日的谈话记录和讲话稿的起草

12月5日邓小平又找胡乔木谈话，针对起草的讲话稿讲他的意见。这次谈话，胡乔木带上于光远、林涧青一起参加。胡乔木作了简明扼要的记录，留下了珍贵的史料。

胡乔木的记录，记在手写稿的最后一页（第30页）背面，共21行。用圆珠笔，字很小，很草。记录简约，但很得要领，从中可以看出，在起草讲话的过程中，邓小平思路的发展和思想的深化。这对了解讲话稿的形成过程是很有意义的。

12月5日谈话一开始，邓小平就说了对已经写出的这一稿的总的意见："语言过多砍掉一半"（第1行），"组织不贯串"（第2行）。关于稿子的修改意见还有："不要过于锋利 不要论战语言"（第5行）。可见，有人说邓小平对稿子很满意云云，是不确实的。

邓小平这次谈话，是12月2日"讲话提纲"和谈话的继续。对于讲话稿应该突出讲什么和怎么讲，他这几天有了不少新的想法，产生了不少新的观点。

邓小平首先进一步明确了在中央工作会议上讲话的主题："解放思想，开动机器一切向前看，否则四化无望"（第3行）。同12月2日一样，解放思想，是邓小平特别强调的一个重点。在12月5日的谈话中，他联系当时的实际情况，存在的问题，从各个方面对解放思想进一步作了论述，着重分析了思想不解放、僵化或半僵化的原因和危害。同两年来华国锋等坚持"两个凡是"、反对真理标准问题讨论的情况联系起来看，锋芒所向是很鲜明的，批判也是很有力量的。记录第8、9行这样写道：

僵化，

禁区，

本本对实际

不敢想、说、做

随风倒

官僚制度束缚

真正管卡压

只能奉命行事

然后才是习惯势力

邓小平估计到，"新问题大量出现，如规章，用人标准。改革障碍重重"。（第4行）记录中有"实现的手段方法 有些要得罪大批人 必须早作思想工作 工人减少

机构重迭 党怎么领导”（第3行）等语，还提到“北大考虑系主任制”（第4行），可见他对怎样进行改革的思索。

民主是谈话的另一个重要内容。同12月2日相比，邓小平在这次谈话中把解放思想同民主联系起来，进一步论述了政治民主、经济民主和民主与法制。

邓小平说道，“出气应允许，出气是没有民主的惩罚。有了正常民主大字报也可少。”（第7行）要为“敢想敢作创造条件”，要建立“民主制度，支持新生”力量。“思想领域”的问题，要通过“民主讨论”的办法来解决。“出了坏人不要怕。信任群众干部。”（第11行）

关于经济民主，邓小平提出，要实行“经济民主，权力下放”，要纠正“党委随便干预”。（第15行）他说，“没有民主培养不出人才。”（第15行）给生产队经营自主权，“生产队长看到”有一小块土地“没有利用，就睡不着觉”，就要开动脑筋增加财富（第12行）。

在民主与法制方面，邓小平特别强调执政党要有党规党法。他说，“纪律检委提前”成立固然必要，“更主要建立党规党法，比国法还重要。”（第14行）他认为，“法律可以地区搞局部搞。”（第16行）

邓小平还进一步阐述了解决历史遗留问题的原则：“向前看 不要求〈全〉责备 允许继续改正 以前宽以后严。”（第17行）

对于全党工作重点转移后的经济工作，邓小平也谈了不少意见：

经济办法管经济

从下面搞起 权力下放 责任到人 有职有权有责

方针明确 方法妥当 要注意工作方法（第17、18行）

生产力发展 生产率提高（第19行）

不要总怪林、四 作挡箭牌（第13行）

对中国经济和社会生活的发展，就12月2日提出的让一部分人、一部分地区先好起来这个大政策，12月5日讲了不少具体的设想。记录最后两行是一串数字：“工人100

农民8千万 150—200 各1/10城市 市镇 农村 卫星城市"(第20行)，"1亿人口平均100"(第21行)。单看记录无法说得清楚其内容，但可以意会是相当具体细致的设想。至于最后的数字，看得清楚是谈住房问题，说新加坡月收入"1500新币有权买房产，5间房子，70㎡，花半年工资"。那里的"房租=工资X15%(欧美日1/3)"。可见他对未来的设计思路是多么开阔、多么深远。

关于12月5日邓小平谈话的内容，胡乔木回来后同秘书朱佳木讲了要点，朱佳木有个记录："邓小平说，这次别的问题都不讲了，只讲四个问题：第一，解放思想。真理标准问题的讨论，的确是一个思想路线问题，是一个重大政治问题，是关系到党和国家前途命运的问题。第二，发扬民主。当前最迫切的是扩大厂矿企业和生产队的自主权。民主选举的范围要逐步扩大。第三，向前看。对过去搞错了的要纠正，也要给犯错误的同志认识和改正错误的时间。对毛泽东同志和'文化大革命'的评价，要从国际国内的大局出发，从历史的角度来看。第四，研究和解决新问题。要用经济办法管理经济，要特别注意加强责任制。要用先使10%—20%的人富裕起来的办法，扩大国内市场，促进生产发展。"朱佳木对于胡乔木对邓小平谈话所作概括的记录同现在发现的胡乔木对邓小平谈话所作的记录，可以互相印证。由此可见，无论是手写稿的八个部分，还是后来的稿子的四个部分，这篇讲话的主题、结构以及所要讲的主要问题，都是邓小平亲自确定的。

按照12月5日邓小平对讲话稿的新的构思、新的观点、新的提法，参加起草的人员连夜重写，产生了邓小平讲话稿的12月5日稿。这是一份铅印稿，共18页，篇幅压缩到8000字左右。加上了一个标题："在中央工作会议上的讲话(一九七八年十二月五日稿)"。主题进一步明确："今天，我主要讲一个问题，就是解放思想，开动机器，一切向前看。"整个讲话的结构布局按邓小平的意思基本上确定下来。全文分四个部分：一、解放思想是当前的一个重大政治问题。二、民主是解放思想的前提条件。三、向后看是为了向前看。四、研究新情况，解决新问题。

12月5日的讲话稿，按邓小平的意见重新写过，对重要问题作了深刻、明快的剖析和论述。第一部分标题改为“解放思想是当前的一个重大政治问题”。内容除保留后面三段的一些论断之外，全部都是按邓小平12月5日谈话的观点甚至语言重写的，与后来的定稿本差别不大。

例如：为什么说“解放思想是当前的一个重大政治问题”？讲话稿作出了简明扼要的回答：“只有思想解放了，我们才能正确解决过去遗留的问题，正确解决新出现的一系列问题，正确解决实现四个现代化的具体道路、方针、手段、方法和措施，正确改革同大幅度发展生产力不相适应的生产关系和上层建筑。”

再如：关于思想不解放，僵化或半僵化的原因，这一稿从三个方面作了论述：一是十多年来林彪、“四人帮”大搞禁区、禁令；二是官僚主义的绳索束缚着人们头脑；三是小生产习惯势力还在影响着人们。

三如：对思想僵化的危害，很多的怪现象就产生了，这一稿也讲了三点：思想一僵化，条条框框就多起来了；思想一僵化，随风倒的现象就多起来了；思想一僵化，不从实际出发的本本主义也就严重起来了。

“目前正在全国范围内进行的关于实践是检验真理的唯一标准的争论，实际上就是要不要解放思想的争论。我认为进行这个争论很有必要，意义很大。”这个重要论断，也是这一稿中明确作出的。

后面三个部分的不少内容，也是按12月5日邓小平的谈话增加或重写的。

例如：邓小平谈话记录上有“经济民主，权力下放，责任到人，有职有权有责”，还有“生产队长看到没有利用，就睡不着觉，开动脑筋增加财富”等话，讲话中就写上了这样两段：

“我想着重讲讲发扬经济民主的问题。现在我国的经济管理体制权力过于集中，不利于发扬经济民主和充分发挥国家、地方、企业和劳动者个人四个方面的积极性，也不利于实行现代化的经营管理方法和提高劳动生产率。没有权力下放，就没有经济民主。过去的经验表明，国家统得太死不利。应当下决心把权力下放，让地方和企业、生产队有更多更大的经营管理的自主权。我国有这么多省、市、自治区，一个中等的省相当于欧洲的一个大国，有必要在经济计划和财政、外贸等方面给予更多的自主权。”

当前最迫切的是扩大工厂企业和生产队的自主权，使每一个工厂企业和生产队能够千方百计地发挥主动创造精神。有了这种自主权，才能解放思想，生产才能搞上去。一个生产队有了经营自主权，一小块土地没有种上东西，一小块水面没有养上鱼，就要睡不着觉，就要开动脑筋想办法。全国几十万个企业，几百万个生产队都开动脑筋，能够增加多少财富呵！”

再如：邓小平谈话记录上有“纪律检委提前，更主要建立党规党法，比国法还重要”，讲话稿中就写了“民主和法制在我们的社会政治生活中，是不可缺少的，一定要从我们党本身做起。党要有党规党法。没有党规党法，就没有国家法制。各级纪律检查委员会和组织部门的任务不只是处理案件，主要是建立党规党法，切实把我们党的党风搞好”一段话。

谈话记录20—21行的那一串数字，在讲话稿中写成这样一段文字，紧接在允许一部分人先好起来的后面：“要经过五年左右的努力，使城市里有百分之二十的工人，每人每月的工资平均达到一百元左右；农村有百分之十的公社，每人每年收入达到一百五十元至二百元。”还说到，在全国“有大约八千万到一亿人口提高了购买力”将如何如何。这些具体的目标，直到12月31日的定稿本中一直都有。

起草讲话稿的写作班子对12月5日这一稿进行讨论、修改，在12月7日先后印出两稿，页数没有增减，都是18页。12月7日的第二稿送到了胡乔木的手里，他开始考虑修改。根据是：在这个稿子上，有胡乔木写的30多条批语和作的20多处文字修改。但这份稿子还不是胡乔木的修改稿，只是胡乔木准备修改的提要。

胡乔木的秘书朱佳木回忆说："记得那天晚上，胡乔木并没有动笔，但第二天早饭后，他却把改过的稿子交给了我。原来，他是半夜两点爬起来，用了两个多小时改好的。"由此可见，胡乔木对讲话稿的修改，是在12月7日半夜酝酿、8日凌晨进行的。可惜胡乔木修改的原稿，迄今没有找到。所幸的是，保存的过程稿中还有一份标明12月7日的铅印稿，共20页，我们称之为12月7日第三稿。拿12月7日第三稿同12月7日第二稿比较，可以看出第三稿作了许多补充、修改。拿第三稿所作的补充、修改，同胡乔木在第二稿上加的批语对照，这些补充、修改大都在加批语的地方而且同批语是一致的。再与上引朱佳木的回忆互相参证，可见这些补充、修改是胡乔木所作。有没有其他同志参与其事，在找到修改手稿之前，无从确定。这种可能性也是存在的。但无论如何，说这些补充、修改主要出自胡乔木之手，是不会不符合实际的。

对12月7日第二稿，胡乔木是按照邓小平12月2日和5日两次谈话，并遵循邓小平第三次复出以后的思路和观点来进行补充、修改的。他对稿子所作的重要补充、修改，有些是12月2日和5日邓小平讲了而在稿子中被忽略或遗漏的，也有些是稿子中对邓小平讲的观点表述得不够充分和完满的，还有些是在这之前邓小平反复强调、反复阐述的观点，当然也有些是胡乔木对邓小平的思想、观点的引申、拓展和发挥。

在讲话开头对会议的评价部分，胡乔木补充了有关重点转移及其意义的内容，使整个讲话扣住了会议的主题："这次会议讨论了把全党工作的重心转到现代化建设上来的问题。这是一个历史性的伟大转变，它反映了新时期的本质特征。"

关于思想不解放，处在僵化或半僵化状态的历史原因，胡乔木作了重要的修改和补充，对邓小平的思想作了很好的发挥。一是把官僚主义问题同民主联系起来，改变12月7日第二稿单提官僚主义的写法，指出第二个原因是"民主集中制受到破坏，党内普遍存在权力过分集中的官僚主义。"二是增加了一个原因，"是因为是非功过不清，赏罚不明，干和不干一个样，甚至什么事不干，什么问题不表态，四平八稳，反而成了不倒翁。在这种不成文法底下，人们就不愿意去动脑筋了。"

对第二部分，从对天安门事件平反讲到充分发扬民主、对思想问题不能压服之处，胡乔木按照邓小平对"两个凡是"和压制、反对宣传"实践是检验真理的唯一标准"的多次批评，加写了一段话："一听到群众有一点议论，有一点不同意见，就要追查所谓'政治背景'、所谓'政治谣言'进行打击压制，就要立案，这种恶劣作风必须坚决制止。实际上这是一种软弱的表现，是一种神经衰弱的表现。"这段话，既对"文化大革命"后期的做法进行了历史批判，又对坚持"两个凡是"的领导人进行了很有现实针对性的批评。

在发扬经济民主、扩大自主权这一部分，胡乔木按照邓小平"坚持按劳分配原则"的思想，加写了一段强调按劳分配、重视物质利益的政策性很强的话："为国家创造财富多，个人收入就应当多一些，集体福利就应当搞得好一些。不讲多劳多得，不讲物质利益，对少数先进分子可以，对广大群众不行，一段时间可以，长期不行。精神是非常宝贵的，没有它就没有革命。但革命是在物质利益的基础上产生的，如果只是在牺牲精神的基础上产生，那就是宗教。"

在后面论述加强责任制的部分，胡乔木在多处把责任制同物质利益原则结合起来。原稿讲到几定完不成，打屁股"必须打到具体人身上才行"。胡乔木在这句话后面加上："同样，奖励也必须奖到具体的集体和个人才行。一个大的建设项目完成得好，国家要明令奖励，从领导人到职工，都应当得到适当的物质奖励，而且可以提高他们的工资待遇。”在说到要“发现专家，重用专家”处，他不仅加上了“培养专家”，而且加上了“要提高各种专家的政治地位和物质待遇”。原稿写到严格考核，“根据成绩大小，有赏有罚。”他加上：“有升有降。而且，这种赏罚升降必须同物质利益联系起来。”

在“民主与法制”一段讲到“立法问题”时，胡乔木也特别注重经济，在原稿“应该集中力量制订刑法、民法、诉讼法和其它各种的法律”后面加写了“特别是经济方面的法律，例如工会法、集体所有制经济法、森林法、草原法、环境保护法、劳动法等等。”这样具体的关于经济法的立法要求，以前没有人提过。此外，他还把“我们还要大力加强对国际法的研究”提上了日程。

胡乔木把第三部分的小标题改定为“处理遗留问题为的是向前看”。在正文中着重说明，向前看的主要内涵“正是为了顺利实现全党工作重心的转变”。

在正确对待犯错误的同志的政策方面，胡乔木按邓小平多次强调、在12月5日谈话中又特别指明的政策（不要求全责备，允许继续改正，以前宽以后严），在“都要给以改正错误的机会，促使他们自己总结经验教训”之后加写了一段话：“认识和改正错误需要一个过程，可以等待，给以考虑思索的时间，不要逼着马上检讨。这也是一种党风。在大是大非问题上有了认识，检讨了，就要表示欢迎。每个细节都弄清不可能，也不必要。处理可宽可严的，要从宽。这样做有利于安定团结。”在选拔干部方面，也是如此。针对“文化大革命”后干部队伍不纯，以至部分党和国家领导人存在着严重问题的情况，提出：“特别是选拔新干部要严格。对于那些搞打砸抢的、帮派思想严重的、完全为了私利陷害同志的、连党的最关紧要的利益都不顾的人，不能重用。看风使舵、出卖灵魂、找靠山、不讲党的原则的人，也不能轻易信任，要警惕，要教育，促使他们改造世界观。”

在第四部分开头，谈改革将会出现新情况、新问题和遇到障碍，胡乔木按邓小平12月5日谈话（见记录第3、4行）补写了一大段话：尤其是生产关系和上层建筑的改革，“不会是一帆风顺的，它涉及的面很广，涉及一大批人的切身利益，一定会出现各种各样的复杂情况和问题，一定会遇到重重障碍。例如，企业的改组，就会发生人员的去留问题，减下来的人要重新分配或者等待分配，就会有不满意的；一部分工人、社员先富起来，暂时还不能富起来的工人、社员就会有意见；国家机关的改革，相当一部分工作人员要转到经济战线上去，也肯定会有人不服从分配的，等等。这些问题很快就要出现，明年不出现，后年就要大批出现。”这段话就是切合实际而且很有预见性的。

这里还有一个细节，在送给胡乔木的12月7日稿上，不知是谁在标题下面写上“邓小平”三个字，胡乔木把它圈掉了。因为按照规矩，这只是按邓小平的提纲和谈话为邓小平草拟的稿子，还没有经过本人审阅改定，把名字加上去是不适宜的。

总之，按照起草文件的行话来说，胡乔木是起草邓小平讲话稿的名副其实的“统稿”，稿子经过胡乔木统改过以后，这才送给邓小平审阅修改。

上面已经说过，邓小平对手写稿是不满意的。平心而论，原因不完全在执笔者，主要是邓小平的思考深化了、发展了，对拘谨地完全按他列的七点或八点来写感到不够了。邓小平对按照他12月5日谈话重写、又经胡乔木仔细修改过的稿子，看后比较满意。12月9日，他又一次约见胡乔木等人，谈对讲话稿的意见，认为这一稿基本上可以了，还需要加加工，并讲了具体的修改意见。

按12月9日邓小平谈话，对讲话稿又作了修改。邓小平看了修改稿后，于12月11日又找谈话。胡乔木正召集起草农业问题文件的会议，无法分身，没有参加，由胡耀邦带于光远、林涧青前往。事后，胡乔木把参加起草的人找去，主持研究了对讲话稿的修改，产生了现存邓小平讲话稿的12月11日稿。这一稿仍是20页，在标题“在中央工作会议上的讲话（一九七八年十二月十一日稿）”下面，有了邓小平的名字。

邓小平讲话稿的最后加工

中央工作会议预定在12月13日下午举行闭幕会，在闭幕会上，邓小平将在叶剑英、华国锋之前讲话。据胡乔木当年的秘书朱佳木说，12月13日午饭后，胡乔木关起房门，对邓小平的讲话稿进行最后的修改加工，直到下午两点才脱手。立即让朱佳木直送邓小平家里。邓小平对讲话稿审阅改定后，在下午4点中央工作会议闭幕会上发表了这一有重要历史意义的讲话。

现在保存的最后一份过程稿，是胡乔木12月13日加工修改、邓小平审阅改定、当天下午会上讲过以后于12月16日由中央工作会议秘书组印发的铅印稿。稿子左上方用黑体字标明“定稿本”，右上方有编号，标题为“在中央工作会议闭幕会上的讲话”（一九七八年十二月十三日）。同12月11日稿对读，可以知道12月11日稿印出以后的两天，特别是12月13日下午邓小平以及胡乔木等又作了哪些修改。

全稿最为重要的一处改动是：在“今天，我主要讲一个问题，就是解放思想，开动机器，团结一致向前看”这句点题的话中间，加上了邓小平一再特别突出强调的“实事求是”四个大字，从而形成表述完整的、邓小平理论的第一个最著名的论断：“解放思想，实事求是，团结一致向前看。”

讲话稿最后加工的一个突出之点，是对党的各级领导干部，特别是高级干部，提出较高的要求。这也是邓小平一贯的思想。在第一部分讲生动活泼的政治局面那段“我相信，我们的人民是顾大局、识大体、守纪律的”后面，加上了这样一句话：“我们各级领导干部，特别是高级干部，也要注意严格遵守党的纪律，保守党的秘密，不要搞那些小道消息和手抄本之类的东西。”在谈到对犯错误干部的政策时，原稿提出，一般党员要宽些，对领导干部要严些，改稿加上了“特别对高级干部更要严些”。

在经济管理体制方面，增加了两条，一条是“我们在实行党委领导下的分工负责制的时候，要切实做到分工负责”。另一条是在“有必要在经济计划和财政、外贸等方面给予更多的自主权”一句中加上了“在统一认识，统一政策，统一计划，统一指挥，统一行动之下”这个前提。

讲话稿最后的修改使讲话的一些提法更加全面，更加恰如其分。比如，在讲到党内存在的官僚主义的特点及其严重性时，前面的稿子都有“因此比旧式的封建官僚主义还厉害”一句，定稿把这句删掉了，显然这样说过头了。12月11日稿把产生僵化或半僵化的一个原因——“小生产的习惯势力还在影响着人们”这一段删掉了，12月13日稿予以恢复。在讲全国有些地区群众生活还很困难时，原稿只特别提到了西北，讲话用稿加上了西南。原稿采用的“全党和全国人民”提法，最后一律改为“全党、全军和全国各族人民”。有些地方只改动一个字或增加一个词语，表述更为准确。如在用经济方法管理经济中提出了今后衡量领导好不好的标准，加上“政治路线解决了”这个前提，又把“这就是今天主要的政治”中的“今天”改为“今后”；在“为人民造福，为发展生产力、为社会主义事业作出积极贡献，这就是政治标准”这一句中的“政治标准”的前面，加上了“主要的”一语。

还有一些修改是为了保持全稿用语的一致。如：“应该”和“应当”混用，都统一“应该”；“先好起来”和“先富起来”混用，按照邓小平本人所写“讲话提纲”的提法，用“先好起来”。

从讲话稿形成过程看邓小平在历史转折关头的思路

从上述邓小平讲话稿形成过程这个侧面，可以看到邓小平在历史转折关头思路的发展。在1978年九十月间，邓小平洞察全局，抓住机遇，首先提出结束清查工作，实行全党工作着重点转移的战略决策。邓小平要胡乔木起草的讲话初稿，正是他这时思路的产物。到了12月初，中央工作会议上发生的重大变化和取得的巨大进展迎来了历史转折的关头，邓小平又把解放思想，实事求是，民主法制，向后看是为了向前看，让一部分先好起来等思想突出地提到了全党的面前，产生了他的12月2日的提纲和谈话。邓小平对当时国内外形势和党内情况进一步思考的结果，更加明确了实现历史转折的路径，确定了前进的策略，12月5日他对讲话稿的设计，使讲话的重点更加突出，内容更加充实，锋芒更加犀利，而经过此后反复多次的修改，最终形成了“解放思想，实事求是，团结一致向前看”这个理论与实践结合得十分紧密的、完整的历史主题。

这可以说是邓小平1978年9月、10月至12月上、中旬中央工作会议讲话起草过程中思路的发展轨迹。邓小平这位20世纪中国伟人在中国向何处去的历史关头，开辟新时期新道路、开创新理论的雄才大略和远见卓识，在这里得到了充分的展现。作为理论家、辞章家的胡乔木，意识到自己的历史责任，对邓小平这篇讲话稿的起草真是竭忠尽智、呕心沥血。他的改笔，也是思维严密，文辞考究，忠实于邓小平的思想理论而又使得邓小平的思想理论的表述臻于完美。邓小平称胡乔木为“党内第一枝笔”这种知人之论，从这篇讲话稿的修改也得到了证明。

（摘自《当代中国史研究》
1998年第6期）

十一届三中全会前的一次特别会议（节录）

/于光远

三中全会和中央工作会议

十一届三中全会举行的日期是1978年12月18日至22日，为期5天。会前的那个中央工作会议举行的日期是1978年11月10日到12月15日，为期36天。

在这篇文章中我想着重追记十一届三中全会前的那个中央工作会议的情况。为什么我想做这件事呢？请同志们看一下十一届三中全会通过的《公报》，这个《公报》是十一届三中全会的主要文件。《公报》一开头在叙述了这次全会的出席者和主持者之后，紧接着专门写了一个自然段，只有一句话："在全会前，召开了中央工作会议，为全会做了充分准备。"

在这个中央工作会议12月13日的闭幕会上，邓小平——当时他的职务是中央委员会副主席——做了一个题为《解放思想，实事求是，团结一致向前看》的讲话。《邓小平文选》收入这篇讲话时做了一个注释："这是邓小平同志在中共中央工作会议闭幕会上的讲话。这次中央工作会议为随即召开的中共十一届三中全会做了充分准备。邓小平同志的这个讲话实际上是三中全会的主题报告。"

《公报》和《邓小平文选》注释中指出的"为十一届三中全会作了充分准备"究竟是怎么一回事？

邓小平在中央工作会议闭幕会上的讲话，实际上成了十一届三中全会的主题报告，又是怎么一回事？这两个问题今天可能许多人不那么了解它的具体内涵。我从头到尾出席了这个中央工作会议，随即召开的十一届三中全会我也非正式地列席了。我认为应该根据自己亲身经历过的事实，把这两点讲明白，或者说对这两点作一个很长的"注脚"。我觉得这是作为历史见证人的我应尽的一个责任。

我有一个看法，那就是：虽然三中全会是三中全会，中央工作会议是中央工作会议，它们是两个会议，各有各的功能，但是由于这两个会议之间存在一种不寻常的关系，在论述十一届三中全会的成果和意义时，不能不把中央工作会议包括进去。

中央委员会全会和中央工作会议在党的章程中的地位不同。对许多重大问题，中央工作会议无权做出正式决议，必须召开全会才能使中央工作会议上提出的各种主张正式成为全党遵循的决议。因此我们今天使用纪念十一届三中全会这个说法。但是就当时的历史事实来说，中央工作会议已经为三中全会做了充分准备，即三中全会要确定的路线方针任务等，在中央工作会议上都已经提了出来，并且有了解决问题的主张。对错误观点如"两个凡是"已经进行了严肃的批评，而当时党中央的主要领导人华国锋在会上承认自己犯有错误，承担了责任。改善中央领导机构的名单也已经准备好了，在中央工作会议到会者中取得共识。

由于这次中央工作会议的规格是很高的，不但中央政治局委员（其中包括五位常委）全部到会，而且在十一大选出的中央委员和候补委员中，有资格出席中央委员会全会的45.4%的人，也参加了这个会。

加上参加这次中央工作会议的有全国人大副委员长、国务院副总理、全国政协副主席、最高人民法院院长、最高人民检察院检察长，即现在所说的"三副两高"中的党员，有中央军委常委，有各省市自治区、各大军区、各中央直属机关、各中央国家机关、各军委直属机关、各军兵种的主要负责人，许多重要问题在这样一个范围内取得共识，也就意味着整个中央委员会的成员基本上取得了共识。在这样的基础上再把原先没有通知到会的中央委员、候补中央委员通知到会，就成了中央全会了。

这两个会议，三中全会开得很短，中央工作会议开得很长，中央工作会议举行的时间为三中全会的7倍。但是三中全会是正式的中央委员会议，中央工作会议只是起为三中全会做好充分准备的作用。

……

一个材料和一个考证

在写这篇追记的过程中，我在故纸堆里发现一个有关中央工作会议召开的材料。

这个材料就是1978年10月24日邓小平同韦国清（时任解放军总政治部主任）的谈话记录，那是当时我抄来的材料。韦国清向邓小平请示两个问题。第一个问题是总政治部准备发一指示，要求在全军干部中学习讨论《实践是检验真理的唯一标准》这篇文章，问小平同志的意见。

邓小平答复："叶帅提议召开理论务虚会，索性摆开来讲，免得背后讲，这样好。实事求是很重要，不仅领导机关，就是一个小企业，生产队也应实事求是。……这就是毛主席讲的要解放思想，开动机器，不要思想僵化。……叶帅说，要把这篇东西印发到全国去。"关于叶剑英提议召开理论务虚会的事，在中央工作会议闭幕会上华国锋的讲话中也讲到了。

华国锋那天讲话时我听得很清楚，他说在一次中央常委听取1978年7月到9月召开的国务院务虚会情况汇报时，大家认为那个务虚会开得很成功，叶剑英听了很满意，提议在理论问题上也开那样一个务虚会，讨论真理标准问题。这件事知道的人比较多，大家认为三中全会后1979年那个理论务虚会就是叶帅提议召开的。其实叶帅提的理论务虚会就是中央工作会议，当然后来举行的中央工作会议的内容丰富得多了，但是叶帅想召开理论务虚会的内容也是中央工作会议的一个主要内容。

从邓小平同韦国清的谈话中可以看出这一点。邓小平说开这个理论务虚会可以起“索性摆开来讲，免得背后讲”这个作用。摆开来讲，当谁的面？当然是当华国锋、汪东兴等人的面，中央工作会议上做了这件事。

韦国清向邓小平提出的第二个问题是能否印发邓小平9月间在东北的讲话。那次讲话是很有名的，是讲真理标准问题的。邓小平的回答是“可以在机关少数干部中先讲一讲，给部队发通知，等一下务虚会”。可见在邓小平的心目中，这个务虚会是很快就要召开的。

邓小平与韦国清谈话的时间，离中央工作会议举行的时间只有二十五六天。看来10月14日后不久，中央提出召开中央会议，讨论的结果是举行那个中央工作会议。中央工作会议的通知10月底11月初就发出了，因此中央决定召开中央工作会议的时间，推算起来在10月底，即在这次讲话半个月之内。

这是我对准备召开中央工作会议知道的唯一可靠的材料。

从真理标准讨论到中央工作会议

真理标准问题讨论是从1978年5月《光明日报》上发表《实践是检验真理的唯一标准》一文开始的。中央工作会议是在同年11月召开的，两者相距只有半年。它们可以说是有同样的历史背景，但是它们毕竟是两个历史事件，发生在后面的中央工作会议的历史背景中，就有真理标准问题讨论的提出和展开讨论六个月的史实。具体说来，真理标准的讨论是中央工作会议召开的前提，这个讨论的成果是中央工作会议的主要指导思想。不仅如此，经过叶剑英和邓小平的努力，真理标准问题的讨论更促成了中央工作会议的召开。

我做出这样的判断是有历史发生的事实为根据的。

马克思主义的一个最基本的原则

《解放军报》特约评论员

林彪、"四人帮"对理论与实践关系的根本颠倒

理论指导实践的过程，同时也就是实践检验理论，而使理论得到补充、纠正、丰富和发展的过程

1978年6月24日，《解放军报》发表了特约评论员文章《马克思主义的一个最基本的原则》，从理论上回答了对实践是检验真理标准的种种责难。1978年9月26日，由胡耀邦组织的《一切主观世界的东西都要经受实践经验》的文章在《人民日报》上公开发表，有力地推动了真理标准问题的深入讨论

第一个事实是：1978年5月《光明日报》上发表的那篇文章，引起了叶剑英的注意，且赞成文章中的观点。特别在此文发表后，《人民日报》和《解放军报》立即转载。可是《红旗》杂志采取"不介入"这一讨论的态度。他们组织了另外一篇题为《重温〈实践说〉》的文章，文中也提到实践标准这样的问题，但是抹去棱角，不接触反"两个凡是"，因而它在征求意见的过程中就有人表示反对，提出意见。《红旗》杂志编辑部的负责人把这篇文章送中央审查，到了叶剑英手中。当时受到李先念主持召开的国务院务虚会的成功的启发，因此在常委会上，叶剑英建议中央召开一个理论务虚会，讨论和解决这个问题。在别的场合，叶剑英还建议把《光明日报》上的文章印发。许多人，以前包括我在内，以为他的这个建议在1979年召开的理论工

作务虚会时得到了实现，其实他的建议在中央工作会议上就实现了。

这一点从中央工作会议前邓小平的言论中也可以得到印证。

对《实践是检验真理的唯一标准》这篇文章的起草过程，邓小平最初并不十分清楚。从他两次早一些同我的谈话中，可以看出他并不知道胡耀邦在中央党校主抓写这篇文章的事情，后来《光明日报》发表文章的经过，他也并不很准确地了解。他听说有南京胡福明投稿的事，但他以为投稿者是上海的工作人员。他对这篇文章估量很高。

就在那篇文章发表的当月30日，邓小平有一个在全国政治工作会议上的讲话。那个讲话是针对当时总政宣传部部长对这次全军政治工作会议的两个提法与毛泽东和华国锋的提法用词完全不一致提出异议，要求在总政治部党委会和政治工作会议上进行讨论而做的。在这次讲话中邓小平批评道："现在发生了一个问题，连实践是检验真理的标准都成了问题，简直是莫名奇妙。"

还有一次他和我们国务院研究室负责人的谈话，谈话准确的时间我的笔记本没有写明，但肯定在五六月间。胡乔木向邓小平反映了张平化找到在北京参加高等教育工作会议的省委书记说，对《实践是检验真理的唯一标准》有两种反映，一种是很好，一种是很坏，很重要的文章需用鼻子嗅一嗅，《人民日报》上的文章不都是准的，回去议一议有什么意见，赞成、反对都可以说，不要压制争论。

邓小平问，这个会是不是各省的书记都来了？胡乔木没有回答这个问题，接着又反映：熊复找到胡耀邦说《红旗》有成绩，理论文章比较慎重，然后对胡耀邦说理论问题要慎重。胡耀邦不以为然，说提理论问题需要有勇气。胡乔木又反映最近召开的宣传会议，本来报告中有"文化大革命非常及时，非常必要"的话，宣传部长们看了之后不同意，等等。

邓小平听了情况介绍后说："这事好办得很嘛，争就是了嘛，都不要扣帽子,在理论上探讨嘛!从实际出发,不要说空话。"

还有一次邓小平和我们谈话,也没有记下准确时间,可能比前面讲的那次早。邓小平说:"现在风声不小,对按劳分配问题的文章就有不同的意见,主要是《实践是检验真理的唯一标准》的那篇文章。实践是检验真理的标准本来是马克思主义常识。常识不应该成为问题。"

针对这种情况,邓小平讲要解决问题,理论上就要站得高些。他对我们说:"社会科学院是个研究理论讲理论的机构。理论上不能让步,我不劝你们在理论上迁就,迁就会失去原则。"在这次谈话中,他说自己主张这个问题中央要讨论一下,把问题讲清楚,这就是后来中央工作会议的一个"由来"吧。

当然,中央工作会议的召开,华国锋也有他的需要,也有他的考虑。十一大华国锋做报告,报告中的第二个部分《形势和任务》讲了八个问题,以后开了十一届二中全会和五届全国人大一次会议,到1978年这些东西他自己感到不能用了,他感到从1979年起应把党的工作重点转移到经济建设上来。

对于这一点,叶剑英、邓小平和李先念都是同意的,而且在李先念的主持下又开了一个时间很长的国务院务虚会,华国锋既然有这个要求,中央工作会议很快就召开了,而叶剑英、邓小平的问题,也可以摆开来。

从真理标准问题在学术界、新闻界、各路诸侯和将军们的讨论,到摆上中央会议日程,经历了几个月。叶剑英、邓小平摆开来讲的这个想法,我想不会事先同华国锋讲明白,但华国锋也会明白一些。关于工作会议酝酿和筹备的具体情节,我并不知道,尤其是华国锋那里,我没有听到什么,最后这一段是我在分析后所做的判断,实际情况究竟如何,就要靠更多人的回忆来解决了。

(摘自《文史博览》
2008年第5期)

中国共产党对十一届三中全会的评价 /曲青山

1978年12月召开的中国共产党第十一届中央委员会第三次全体会议（以下简称十一届三中全会），至今已经30多年了。这次会议在中国共产党90年的历史上是一个重大界标，具有划时代影响和里程碑意义。纵览1978年12月以来党的会议和会议决议以及党的主要领导人的报告、讲话和谈话，对十一届三中全会是怎样评价的呢？

对十一届三中全会重大意义和历史地位的评价

从党的文献看，最早对十一届三中全会给予评价的是十一届三中全会发布的公报。公报说："全会认为，这次会议和以前的中央工作会议，在党的历史上具有重大的意义"。那么，这两次会议的重大意义体现在哪些方面呢？公报并没有详细的阐述。1979年3月30日邓小平在党的理论工作务虚会上发表讲话，讲到十一届三中全会和中央工作会议时说："这两次会议在党的历史上是有重大意义的"。这个评价与十一届三中全会公报一致，也是对意义没有展开阐述。1981年6月27日十一届六中全会通过的《历史决议》，第一次对十一届三中全会进行了全面评价，也是第一次作出的专门评价。《历史决议》指出：十一届三中全会"是建国以来我党历史上具有深远意义的伟大转折"。从此，"伟大转折"

农民们在收听传达党的十一届三中全会精神的广播

的说法就被广泛使用。1982年9月1日，胡耀邦在十二大报告中，用“历史性的伟大转变”来评价十一届三中全会。这里我们看到，胡耀邦在十二大报告中的提法与《历史决议》的提法是不一样的。前者使用的是“伟大转折”，后者使用的是“伟大转变”，尽管文字的表述有差别，但是两种表述所反映的本质内容则是相同的。1993年12月26日，江泽民在毛泽东同志诞辰100周年大会上的讲话中对十一届三中全会给予了评价。他指出：十一届三中全会“实现在党的历史上具有深远意义的伟大转折”。这个评价沿用了《历史决议》的提法，但是，在时间限定上与前者有所区别。前者指的是“建国以来”，后者是党的整个历史。1996年10月10日江泽民在党的十四届六中全会的讲话中，使用了“开创了我国社会主义事业的新时期”的提法。1997年2月25日，江泽民在邓小平同志追悼大会上所致的悼词中使用了“标志着建国以来党和国家历史的伟大转折，开辟了改革开放和集中力量进行社会主义现代化建设的历史新时期”的提法。这里，江泽民在“伟大转折”的定语中，增加了“国家”的概念。对新时期内涵的表述与前略有不同。

前者的内涵是指我国社会主义事业，后者的内涵是指改革开放和社会主义现代化建设。1998年9月25日，江泽民在安徽省考察工作发表讲话时，使用了“中国进入了一个波澜壮阔的改革开放的新时期”的提法。这个提法，与以前的提法相同，但是，没有提社会主义现代化建设的内容。只是在“改革开放”前增加了“波澜壮阔”的形容词。从1996年以来，江泽民多次使用了新时期的提法，内涵的定语略有差异，但表达的本质内容是完全一致的。1998年12月18日，江泽民在纪念党的十一届三中全会召开20周年大会上发表讲话，又一次代表中国共产党对十一届三中全会作出全面评价，也是中国共产党对十一届三中全会第二次作出专门评价。他说：“一九七八年十二月召开的十一届三中全会，是一次很不寻常的会议。”“十一届三中全会，是建国以来我党历史上具有深远意义的伟大转折。党在思想、政治、组织等领域的全面拨乱反正，是从这次全会开始的。伟大的社会主义改革开放，是由这次全会揭开序幕的。建设有中国特色社会主义的新道路，是以这次全会为起点开辟的。当代中国的马克思主义——邓小平理论，是以这次全会前后开始逐步形成和发展起来的。十一届三中全会是一个光辉的标志，它表明中国从此进入了社会主义事业发展的新时期。”这里，江泽民除重申以往所讲的“具有深远意义的伟大转折”外，对为什么说这是一次伟大转折，作了精辟的阐述和回答，并在继续强调新时期说法的基础上，提出了“是一个光辉的标志”的说法。2001年8月31日，江泽民在国防大学军队高级干部理论研讨班上的讲话中，对20世纪70年代末，面对百业待举的严峻形势，我们党如何领导全党全国人民进行拨乱反正时，讲到了“在邓小平同志支持和推动下，我们党停止使用‘以阶级斗争为纲’的口号，在全国范围内开展关于真理标准问题的大讨论，冲破‘两个凡是’的禁锢，重新确立了实事求是的思想路线，决定实行改革开放的新政策，实行党和国家工作重心的转移。这是全党思想的一次大解放，也是党的理论的一次重要创新，为开辟社会主义事业发展的新时期起到了至关重要的作用”。江泽民在这次讲话中，虽然没有讲到十一届三中全会，但是，从所述内容来看，涉及的正是十一届三中全会，因此，他所讲的“全党思想的一次大解放”，“党的理论的一次重要创新”，应该视为对十一届三中全会的评价。2004年8月22日，胡锦涛在邓小平同志诞辰100周年纪念大会上的讲话，对十一届三中全会的评价与江泽民在邓小平同志追悼大会上的评价完全一致，甚至没有一个字的差别。2004年9月15日，他在首都各界纪念全国人民代表大会成立50周年大会上的讲话，2006年2月14日在省部级主要领导干部建设社会主义新农村专题研讨班上的讲话，2007年10月15日在党的十七大上所作的报告，对十一届三中全会的评价，与在邓小平同志诞辰100周年纪念大会上的讲话的表述基本相同，只是个别措辞和用字略有不同。2007年12月17日，胡锦涛在新进中央委员会的委员、候补委员学习贯彻党的十七大精神研讨班上的讲话，使用了十一届三中全会是一个“转折点”的提法。2008年5月8日，在日本早稻田大学演讲时，他使用了从1978年到现在，中国人民毅然决然地踏上“改革开放的伟大征程”，“开始了新的历史条件下的新的伟大革命”的提法。2008年6月23日，他在中国科学院第十四次院士大会和中国工程院第九次院士大会上的讲话，除继续重申以往的提法外，又增加了“也迎来了科学的春天”的提法。2008年12月18日，胡锦涛在纪念党的十一届三中全会召开30周年大会上发表讲话，这是中国共产党对十一届三中全会第三次全面评价，也是中国共产党对十一届三中全会第三次作出的专门评价。他在讲话中指出：“党的十一届三中全会是在党和国家面临向何处去的重大历史关头召开的。”“这次会议，实现了新中国成立以来我们党历史上具有深远意义的伟大转折，开启了我国改革开放历史新时期。从此，党领导全国各族人民在新的历史条件下开始了新的伟大革命。”“党的十一届三中全会标志着我们党重新确立了马克思主义的思想路线、政治路线、组织路线，标志着中国共产党人在新的时代条件下的伟大觉醒，显示了我们党顺应时代潮流和人民愿望、勇敢开辟建设社会主义新路的坚强决心。”从十一届三中全会开始，“党和国家又充满希望、充满活力地踏上了实现社会主义现代化的伟大征程”。从以上所述我们可以看到，对十一届三中全会重大意义和历史地位的评价，从十一届三中全会闭幕后，就已经开始，评价的内容，除对最基本的评价“深远意义”、“伟大转折”重申外，不断丰富、完善补充增加新内容，从“进入改革开放历史新时期”到“开启改革开放历史新时期”，从“一个标志”到“两个标志”，从“一个显示”到“一个踏上”，评价的内涵越来越全面，评价的高度不断得到提升。

对十一届三中全会历史作用和深远影响的评价

十一届三中全会的作用和影响是逐渐显现的，所以，对其评价也有一个逐步深化和完善的过程。十一届三中全会刚结束不久，邓小平在1979年1月1日全国政协举行的座谈讨论《全国人民代表大会常务委员会告台湾同胞书》会议的讲话中，就对中央工作会议和十一届三中全会的风气和开创的工作局面给予了肯定，他认为，这种“生动活泼”的风气和工作局面在1978年逐渐地形成了。1979年3月30日，邓小平在理论务虚会的讲话中强调指出：三中全会“决定把全党的工作的着重点从今年起转移到社会主义现代化建设方面来”。“三中全会解决了党的历史上所遗留的一系列重大问题”。1980年1月16日，在中央召集的干部会议讲话中他说：“三中全会不但解决了文化大革命十年的问题，也在很大程度上解决了二十多年的问题”。1980年2月29日，在十一届五中全会的

党的十一届三中全会给老百姓的经济生活带来了巨大变化

讲话中他说："三中全会确立了或者说重申了党的思想路线"。1980年12月25日，他在中央工作会议讲话中重申了要坚持十一届三中全会所要求的一些原则。他说："党的三中全会要求全党解放思想，开动脑筋，实事求是，团结一致向前看，研究新情况，解决新问题"。"要继续发展社会主义民主，健全社会主义法制。这是三中全会以来中央坚定不移的基本方针，今后也决不允许有任何动摇"。1981年6月27日，十一届六中全会通过的《历史决议》强调指出："全会结束了一九七六年十月以来党的工作徘徊中前进的局面，开始全面地认真地纠正'文化大革命'中及其以前的左倾错误。这次全会坚决批判了'两个凡是'的错误方针，充分肯定了必须完整地、准确地掌握毛泽东思想的科学体系；高度评价了关于真理标准问题的讨论，确定了解放思想、开动脑筋、实事求是、团结一致向前看的指导方针；果断地停止使用'以阶级斗争为纲'这个不适用于社会主义社会的口号，作出了把工作重点转移到社会主义现代化建设上来的战略决策；提出了要注意解决好国民经济重大比例严重失调的要求，制订了关于加快农业发展的决定；着重提出了健全社会主义民主和加强社会主义法制的任务；审查和解决了党的历史上一批重大冤假错案和一些重要领导人的功过是非问题。全会还增选了中央领导机构的成员。这些在领导工作中具有重大意义的转变，标志着党重新确立了马克思主义的思想路线、政治路线和组织路线。从此，党掌握了拨乱反正的主动权，有步骤地解决了建国以来的许多历史遗留问题和实际生活中出现的新问题，进行了繁重的建设和改革工作，使我们的国家在经济上和政治上都出现了很好的形势。”如果说，在《历史决议》通过之前，党的会议和党的主要领导人在报告、讲话、谈话中对十一届三中全会历史作用和重大影响的评价只是局限在某个方面或某几个方面的话，《历史决议》通过后，则是作了全面的郑重的评价和结论，这也就为以后党的会议和党的主要领导人的报告、讲话、谈话定下了基调，提供了依据。从党的文献看，以后对十一届三中全会所作的评价，基本没有超出《历史决议》的范围。但是随着时间的推移和实践的检验，此后党的会议和党的主要领导人的报告、讲话、谈话，对十一届三中全会的评价逐步展开，这以邓小平的一次谈话和江泽民、胡锦涛的两次讲话为代表。1987年1月20日，邓小平在会见津巴布韦总理穆加贝的谈话时说：“八年来，我们党的十一届三中全会制定的路线、方针、政策得到了顺利的贯彻，国家得到了明显的发展，人民生活确实有了比较明显的改善”。这可以被看作是中国共产党在十一届三中全会后第一个10年中，对十一届三中全会历史作用和深远影响的正式评价。而中国共产党在十一届三中全会后第二个10年、第三个10年的评价，则主要反映和体现在江泽民和胡锦涛分别在纪念党的十一届三中全会召开20周年和30周年的大会上的讲话之中。江泽民在讲话中指出：“十一届三中全会的伟大意义和深远影响，已经和正在随着实践的发展越来越充分显示出来，并将贯穿于建设有中国特色社会主义事业的全过程”。十一届三中全会以来20年，“在建国以后取得的重大成就的基础上，我们又取得举世瞩目的巨大成就”。对这些成就，江泽民从政治、经济、改革开放、精神文明建设、军事、国防、外交、党建等十个方面进行了阐述。胡锦涛的讲话，除了对十一届三中全会以来30年所取得成就进行阐述外，还对十一届三中全会开创的新局面，产生的巨大影响的过程也进行论述。他说："在党的十一届三中全会春风吹拂下，神州大地万物复苏、生机勃发，拨乱反正全面展开，解决历史遗留问题有步骤进行，社会主义民主法制走上正轨，党和国家领导制度和领导体制得到健全，国家各项事业蓬勃发展。我们伟大的祖国迎来了思想的解放、经济的发展、政治的昌明、教育的勃兴、文艺的繁荣、科学的春天"。综上所述，中国共产党对十一届三中全会历史作用和深远影响的评价，是沿着指导思想的根本转变和解决党的思想路线问题、政治路线问题、组织路线问题、改革开放问题、领导核心问题、农业农村发展问题、人事变动问题等来展开的。

（选自《中共党史研究》2011年第4期）

参加中央工作会议和十一届三中全会

／梁灵光

新中国成立后，我长期在福建省分管工业交通工作。1977年底，中央决定让我负责新组建的轻工业部工作。这个新中国成立后较早成立的大部，主管大部分民用消费品的生产，在国民经济的发展中起着重大的作用。但在十年浩劫中，轻工业部也和其他部门一样，深受其害。我到轻工业部时，部内工作处于瘫痪和半瘫痪状态，各方面问题千头万绪。当时我们拨乱反正、解放干部以及开展各项工作，遇到非常大的阻力。一些闹派性的人仍然内外勾结，上下串联，攻击部党组搞"右倾翻案风"，说我们落实政策犯了"路线错误"。而那时的轻工业品大都供不应求，老百姓意见很多，影响了党和群众的关系。在我们党内，思想斗争也非常激烈，正开展真理标准问题的大讨论。在经济建设方面，从上到下也存在着急于求成的问题。这种情况亟需加以解决。

正在这时候，我接到参加中央工作会议的通知，于是组织工作班子，着手准备材料。1978年11月10日到12月15日，中央工作会议在京西宾馆召开。出席会议的有中央及各部门、各省市自治区、各大军区的负责人共210人。

11月10日，当时的中共中央主席华国锋致开幕词。他在讲话中提出了三项议程：一、讨论如何进一步贯彻以农业为基础的方针，尽快把农业搞上去；二、商定1979年和1980年国民经济计划的安排；三、学习讨论李先念同志在国务院务虚会上的讲话。

华国锋还代表中央政治局常委提出，在讨论这些问题之前，首先讨论根据邓小平副主席建议提出的把全党的工作重点转移到四个现代化建设上来的问题。

11日，在第一次会议上，一向以刚正不阿、敢于直言著称的谭震林一鸣惊人，他在发言中大胆地提出，进行工作重点转移，先要解决一些问题，如天安门事件。"二月逆流"、"百万雄师"等问题要不要解决？我看要解决。

谭震林

在"文化大革命"中，谭震林、叶剑英、陈毅等老一辈革命家与林彪、江青一伙进行了激烈的抗争，表现出无所畏惧的革命气概和英勇精神，结果被打成"二月逆流"，遭受错误批判。他们的精神是值得我们永远学习的。谭震林同志提出的问题，引起与会同志的深思，认为这次会议应该加以解决。

12日，开始分组讨论。会议按地区分为六个大组。我被编在东北组。被编在东北组的有33人，我记得有陈云、陈锡联、王恩茂、任仲夷、杨易辰、唐克、甘渭汉、马文瑞、陈璞如、宋振明、张士英、侯捷等同志。

陈云同志是我们党老一辈的无产阶级革命家，德高望重，深受大家敬佩。当他来到东北组的时候，我们都纷纷上前和他热烈握手。陈云同志经过深思熟虑，带头发表了意见。他说："中央政治局常委、中央政治局一致主张，从明年起把工作重点转到社会主义建设上来。实现四个现代化是全党和全国人民的迫切愿望。我完全同意中央的意见。安定团结也是全党和全国人民关心的事。干部和群众对党内能否安定团结，是有所顾虑的。……对有些遗留的问题，影响大或者涉及面很广的问题，是需要由中央考虑和作出决定的。"接着，他提出了六个问题，广泛涉及"文化大革命"及以前的"左"倾错误的重大问题，说出了我们的心里话，因此大家热烈鼓掌，表示拥护。常言道"一石激起千重浪"，陈云同志的发言引起了强烈的反映，会议气氛为之一变，顿时活跃起来。大家纷纷发言，提出自己的意见。

根据与会同志的强烈要求和会议的进展情况，中央政治局常委经过研究，决定充分发扬延安整风的精神，放手让大家讲话，解放思想，畅所欲言，以总结工作，肯定成绩，批评错误，分清大是大非问题。这样一来，就冲破了华国锋原来设想的会议议程。与会同志恢复和发挥了党的实事求是、群众路线、批评与自我批评的优良作风，认真讨论和研究了一系列重大问题。

东北组的同志围绕陈云同志提出的六个问题和其他一些重大问题，展开了热烈的讨论。对"文化大革命"的认识和评价，成为许多同志发言的重点。并对一些在"文化大革命"中犯了错误的同志，也指名道姓地提出了批评。东北地区的同志对陈锡联同志进行了十分尖锐的批评。11月12日下午，任仲夷同志就明确提出，希望陈锡联同志遵照中央领导同志的指示，作一个比较诚恳的检查，为下面的干部承担一部分责任。

根据与会同志的强烈要求，中央政治局常委经过认真的讨论和研究，11月25日，华国锋代表中央政治局在全体会议上讲话，谈论九个问题：关于天安门事件，关于“批邓、反击右倾翻案风”，关于“二月逆流”，关于薄一波等61人叛徒案，关于彭德怀问题，关于陶铸问题，关于杨尚昆问题，关于康生和谢富治问题，关于一些地方性重大事件的问题。还有撤销中央专案组，全部案件转交中央组织部问题。中央政治局基本上接受了与会同志提出的意见。大家表示，中央政治局的决定，我们坚决拥护，必将大得人心。

此后不久，中央政治局常委安排几位犯错误的政治局委员到各组去作检查。陈锡联在东北组作了检查。任仲夷、陈璞如、杨易辰、王恩茂、甘渭汉、宋振明等同志对陈锡联的检查提出了意见。认为许多事情没有讲，思想没有挖，动机没有说，不像个检查的样子。他们提出几个问题，请陈锡联考虑。一是在辽宁时和毛远新的关系问题；二是“文化大革命”期间造成许多集团性冤假错案，致使大批人惨死问题；三是中共九大期间辽宁代表团在汇报提纲中恶毒攻击朱德、陈云等一批老帅、副总理为右倾机会主义者问题；四是1969年把全省11万多干部连同家属共25万人，赶下农村插队落户问题；五是粉碎“四人帮”之后仍插手辽宁，捂揭批“四人帮”及其代理人的斗争盖子问题。我对东北地区的情况不了解，许多情况还是第一次听说，感到东北也是被“四人帮”破坏的一个重灾区。

12月2日上午，东北组由王恩茂同志主持开会。王恩茂、杨易辰同志传达了邓小平、李先念副主席12月1日晚对许世友、段君毅、胡立教、万里、陈丕显、李德生、王恩茂、任仲夷、杨易辰同志谈话时的重要指示。大家纷纷发言，表示拥护。

12月5日上午，东北组仍由王恩茂同志主持会议。我在会上作了发言。我说，我完全同意邓副主席、李副主席12月1日晚上的讲话，同意增加陈云、邓颖超、胡耀邦、王震等四同志为政治局委员和习仲勋等七同志为中央委员，同意小组关于陈云同志任中央副主席的建议，同意中央对政治局几位犯有错误的同志可进行揭发批判，但政治局成员只增不减的办法，这又一次体现了中央既要解决问题又要稳定局势的方针。

关于真理标准问题，社会上和这次会议都展开了热烈的讨论。我和大多数与会者一样，对主张"两个凡是"、反对真理标准讨论的同志进行了严肃的批评。我在发言中说，我认为，这个讨论很必要，事实得到澄清，道理越辩越明。我同意大多数同志的意见，这个问题不单是个理论问题，而且是个思想路线问题、政治问题，关系到我们全党能否顺利地实现工作重点的转变，实现安定团结，加速四个现代化建设的问题。

对于"两个凡是"的观点，我以批评的态度说，如果按照"两个凡是"的观点去做，其结果必然是：不能进一步分清路线是非，全面地正确地总结我国社会主义革命和社会主义建设正反两方面的经验；无法解决许多重大遗留问题，因而难于落实党的政策，妨碍安定团结；不能解放思想，打破林彪、"四人帮"造成的形而上学猖獗、思想僵化的状态，解除干部心有余悸的问题；也不能迅速恢复和发扬党的实事求是和群众路线的优良传统和作风。

我说，毛主席是伟大的马克思主义者，他对中国共产党和人民有不可磨灭的伟大功勋，确实如邓副主席讲的"没有毛主席，就没有新中国"。但毛主席也有缺点错误，当然这些缺点错误和他的功勋比起来是次要的。我说，我们要坚定不移地肯定和继续宣传毛主席对中国革命和世界革命的伟大功勋。

但对一些实践已经证明是搞错了的问题，如何解决，才能真正维护毛主席的威信、捍卫毛泽东思想，高举毛主席的伟大旗帜呢？是坚持实践是检验真理的唯一标准，根据毛主席一贯的教导，有错必纠，坚持真理，修正错误；还是坚持“两个凡是”，对现实问题视而不见，听而不闻，有错不纠，坚持错误，修正真理？随后，我在发言中，以毛主席在1962年七千人大会上对“大跃进”中发生的错误作了自我批评为例，说毛主席已为我们作出了光辉的榜样。我指出，党中央对天安门事件作了正确的处理，对解决八个遗留问题作出决定，是完全正确的，我坚决拥护。事实证明，坚持实践是检验真理的唯一标准，才能真正完整地准确地理解和继承毛泽东思想。

根据与会同志的要求，真理标准讨论的有关当事人对讨论的情况作了说明。华国锋、汪东兴就“两个凡是”和真理标准讨论的问题作了检讨和说明。经过激烈的较量，真理标准取得了决定性的胜利，“两个凡是”已经失败了，已没有多少市场了。我明显感觉到，尽管华国锋这时还是党中央主席，但已经失去政治优势。在中央领导集体中起关键作用的是邓小平同志，以及叶剑英、李先念和陈云等同志。

这次会议的一个重点议题是经济工作。与会同志都根据各地区和各部门的情况，发表了意见。12月11日上午，我在东北组就经济问题作了长篇发言。

首先，我对国民经济计划问题提出了几点意见。（一）关于工业发展速度问题。解放以来，国民经济恢复时期、“一五”期间、“调整、巩固、充实、提高”三个时期，我国工业速度发展较快。其主要原因：政治上安定团结；计划综合平衡搞得好，重点突出；农轻重关系安排得比较好。（二）关于思想解放。为了适应将我们党的工作着重点转移到社会主义现代化建设上来，必须来一个思想大解放。（三）改革生产关系、上层建筑中不适应于生产力和经济基础的部分。（四）关于电力问题。现在电力十分紧张，先行成了后卫。希望采取有力措施，把电搞上去。

中共十一届三中全会给广大农村注入了巨大活力，随着农民收入的增加，农民的消费水平也不断提高。图为山东某地的农民高兴地购买电视机

接着，我介绍了目前国内轻工业的状况。我说，轻工业的现状，远远不能适应加快四个现代化步伐的要求，生产水平同人民生活需要之间的矛盾，仍然十分突出。第一，产需矛盾很大，主要是轻工业品大多供不应求。第二，许多产品结构古老，质量低；花色品种少，变化慢，有的产品几十年一贯制；加工粗糙，包装装潢不讲究，群众意见大。第三，生产技术落后，技术装备差。第四，发展不平衡，边远地区和内地一些省、区轻工业比较薄弱。

随后，我就加快轻工业发展的问题，提出几点意见。

（一）关于贯彻农、轻、重方针，有计划按比例发展的问题。我建议提高轻工业基建投资比重；划出一定比例的工业外汇贷款，作为轻工业引进新技术扩大出口之用；提高折旧率，将这部分资金应用于轻工行业的更新、改造；明年起，从轻工业中选择两三个重点行业搞全行业利润分成试点。

（二）关于努力扩大出口，搞好新技术引进问题。当前要解决几个问题：第一，要改变外贸产销脱节的局面。第二，对进口原材料加工后又出口的物资，外贸部门应减免关税和利润，以鼓励出口。第三，外汇分成要切实照顾到企业及其主管局、公司的利益。

（三）关于改进管理体制问题。1.应当按行业归口管理。2.发挥专业部门的积极性。3.工业部门应设立门市部，进行新产品试销和产品自销。4.不要再搞物资层层切块供应，物资要跟着生产计划走。5.依靠各地农业部门，搞活经济作物的区域规划，建立基地。6.二轻工业要加强领导和管理，工业改组和企业下放都不能削弱日用工业品生产阵地。7.轻工行业工资过低，建议这次工资改革时充分加以考虑。应按照按劳分配的原则，提高轻工企业的奖金率。

由于到会的许多同志长期主管经济工作，因此，他们都赞成我的观点，希望尽快发展轻工业，改善人民生活。

12月13日，中央工作会议闭幕。邓小平副主席在会上作了重要讲话。他首先充分肯定了这次会议，指出："这次会议开得很好，很成功，在党的历史上有重要意义。我们党多年以来没有开过这样的会了，这一次恢复和发扬了党的民主传统，开得生动活泼。我们要把这种风气扩大到全党、全军和全国各族人民中去。"他在讲话中明确提出了"解放思想，开动脑筋，实事求是，团结一致向前看"的思想路线，并围绕这一中心讲了四个问题。这一讲话为随即召开的十一届三中全会提出了基本的指导思想。

本来，原计划这次会议在13日闭幕会后结束。但与会同志认为邓小平同志的讲话非常重要，纷纷要求延长两天来学习和讨论。这样，中央工作会议在15日结束，开了整整36天。

由于中央工作会议作了充分准备，因此党的十一届三中全会从18日到22日，只开了5天，就胜利结束，取得了具有深远意义的伟大成果。这次会议重新确立了党的正确的思想路线、政治路线、组织路线和一系列方针政策，这样就实现了新中国成立以来具有深远意义的伟大转折。关于十一届三中全会的具体情况，各种报纸杂志和电视广播已作了广泛的宣传，我就不赘述了。三中全会之后，我国在经济上和政治上都出现了一派大好形势。

十一届三中全会刚结束不久，轻工部就于1979年1月4日到21日在上海召开了全国轻工业局长会议。我在会上传达了三中全会的精神，作了长篇报告。由于中央确立了以经济建设为中心的政治路线，大家的积极性都很高，研究了轻工业工作重点如何转移的问题。经过讨论，会议提出工作的重点，一是从着重抓产值、产量转到抓质量、品种上来。二是努力扩大出口，换取更多的外汇，当年计划出口换汇21亿美元。三是搞好挖潜、革新、改造和新技术引进。四是按照轻工业特点搞好专业化生产与协作。五是各级领导要把主要精力放到生产建设和技术革命上来。2月3日，轻工业部根据大会讨论结果向国务院呈报了《关于轻工业着重点转移问题的报告》，引起了中央的高度重视，后来这个文件及国务院以国发［1979］103号批转的文件，被收进了《三中全会以来的历史文献选编》。这次会议揭开了轻工部历史上最新最关键的一页。在十一届三中全会精神的鼓舞下，轻工部和全国各地一样，出现了一片生机勃勃的景象。

（摘自《改变中国命运的41天——中央工作会议、十一届三中全会亲历记》，海天出版社1998年版）

历史性转折的起点——邓小平与十一届三中全会

/龙平平 文轩

当中国以世人瞩目的崭新形象，昂首迈向21世纪的时候，我们回首走过的道路，不难发现，今天的中国同一位伟大的政治家和一次具有历史意义的会议是分不开的，这就是邓小平和党的第十一届三中全会。

要“实事求是”，不要“两个凡是”

1976年10月，“四人帮”被粉碎，标志着在中国延续了10年的“无产阶级文化大革命”的结束。10年“文化大革命”，给中国的发展造成了难以弥补的遗憾。如果说物质贫困一直是中国社会长期存在的基本问题，那么，思想混乱则是10年“文化大革命”所造成的一个新的严重问题。中国向何处去？这是20世纪70年代中后期几乎所有的中国人都在思考的一个问题。中国向何处去？生死攸关的第一步是必须走出10年“文革”笼罩在中国大地上的现代迷信的阴影。而当时的中央主要负责人却提出了“两个凡是”：凡是毛主席作出的决策，我们都坚决维护，凡是毛主席的指示，我们都始终不渝地遵循。

1977年4月，邓小平在未恢复领导职务的情况下，率先从理论上反对“两个凡是”。他给中共中央写信指出：我们必须世世代代地用准确的完整的毛泽东思想来指导我们全党、全军和全国人民，把党和社会主义的事业，把国际共产主义运动的事业，胜利地推向前进。

1983年7月1日，《邓小平文选》（1975—1982）出版发行，中共中央下发专门的学习通知指出，《邓小平文选》是中国共产党在新的历史条件下坚持和发展毛泽东思想的新成果，对加强全党思想上的统一有极为重要的意义

5月24日，邓小平在同有关同志的谈话中，强调不能搞“两个凡是”。他说：毛泽东同志自己多次说过，他有些话说错了。他说，一个人只要做工作，没有不犯错误的。他又说，马恩列斯都犯过错误，如果不犯错误，为什么他们的手稿常常改了又改呢？改了又改就是因为原来有些观点不完全正确，不那么完备、准确嘛。他强调，他提出准确的、完整的毛泽东思想体系，不赞成“两个凡是”，是经过反复考虑的。是要搞“两个凡是”，还是要坚持准确的、完整的毛泽东思想，这实际上是两种完全对立的思想路线。

1977年7月，党的十届三中全会上，邓小平复出。这件事本身就是对“两个凡是”的一个重大突破。邓小平在全会闭幕时，再一次强调要对毛泽东思想的体系有一个完整的正确的认识，并指出，毛泽东同志倡导的作风，群众路线和实事求是这两个是最根本的东西，特别重要。

1977年9月，南京大学哲学系

教师胡福明给《光明日报》寄来了一篇题为《实践是检验一切真理的标准》的文章。文章经《光明日报》和中央党校有关同志多次修改，题目改为《实践是检验真理的唯一标准》。文章于1978年4月27日定稿，经胡耀邦同志审阅批准，于5月10日在中央党校内刊《理论动态》先发表，第二天即5月11日在《光明日报》以特约评论员名义在第一版公开发表。文章发表的当晚，新华社就发了通稿，第二天，中央人民广播电台也全文广播。其后，共有33家日报转载，并形成了关于真理标准的大讨论。

在这场大讨论的关键时期，邓小平等老一辈革命家站出来旗帜鲜明地予以支持。6月2日，邓小平在全军政治工作会议上发表讲话。他说，毛泽东同志“坚决反对在共产党内讨论问题的时候，开口闭口拿本本来，以为上了书的就是对的这种错误的心理”，他强调“一定要肃清林彪、‘四人帮’的流毒，拨乱反正，打破精神枷锁，使我们的思想来个大解放”。

在沸沸扬扬的争论声中，邓小平深入到了人民群众之中，先后去了一些省份，引导人们进一步解放思想，彻底摆脱“两个凡是”束缚，摆脱“以阶级斗争为纲”错误思想的束缚，从实际出发，寻找适合中国实际的社会主义现代化建设道路。这年9月，他应金日成的邀请到朝鲜进行了一次短暂的访问。归国后，他没有直接回到北京，而是到东北三省及河北唐山、天津走了一圈。这是一次刻意安排的极其重要的调查研究活动。一些专家认为，邓小平的东北之行为三个月后党的十一届三中全会的召开作了许多思想发动工作，他在调查研究中提出的许多重要理论观点为召开十一届三中全会打下了很好的思想基础。

“实践是检验真理的唯一标准”的观点，犹如巨石，激起了层层波浪；犹如春风，吹醒了沉眠于“两个凡是”中的人们；犹如磁铁，吸引了全国各地、各领域的人们。在真理标准问题的大讨论中人们的思想逐渐获得了解放。

提前宣读的“主题报告”

十一届三中全会，是中国实现伟大历史转折的标志。会议召开前，按照惯例，先召开了中央工作会议。1978年11月10日，中央工作会议开幕。按照原定的安排，议程有三个：一是讨论农业问题，二是商定1979年、1980年两年国民经济计划安排，三是讨论李先念在国务院务虚会上的讲话。

当时，党内党外，人们纷纷用各种不同的形式，表示出一种强烈的愿望，就是要求彻底纠正“文化大革命”的错误，要求摒弃过去那些不符合实际需要的各种做法。因此，在中央工作会议开幕之前，在中央政治局常委会上，提出在三中全会上讨论自1979年1月1日起实现党的工作重点的转移问题，同时，对“两个凡是”问题和真理标准讨论问题作出结论。实施战略转移的议题一经提出，即引起了与会者的极大兴趣和广泛的讨论。会议很快脱离了事先设置的轨道，成了向“文化大革命”及其以前的“左”的错误发动总攻的大会。原来是安排开半个月的中央工作会议，不得不几度延长，整整开了36天。

《解放思想，实事求是，团结一致向前看》是《邓小平文选》中的一个名篇。翻开《邓小平文选》，细心的读者一定会发现，在这篇文章的标题下面有一段具有特别意义的题解：这是邓小平同志在中共中央工作会议闭幕会上的讲话。这个讲话实际上就是三中全会的主题报告。将邓小平在中央工作会议上的讲话着重地作为三中全会的主题报告，这种罕见的情况是有特殊原因和特别意义的。

中央工作会议开始不久，有关同志曾帮助邓小平准备了一个讲话稿，主要是说明原定的几个议题的。会议期间，由于邓小平、陈云等人的努力，会议形势发生了重大变化。议题转变了，原先准备的讲话稿也就不适用了。邓小平说，这次别的问题都不讲，只讲四个问题：第一，解放思想。第二，发扬民主。第三，向前看。第四研究和解决新问题。对于这四个问题，邓小平详细系统地谈了他的意见，例如，对于真理标准问题的讨论，明确指出这是个关系到党和国家的前途和命运的问题。一个党，一个国家，一个民族，如果一切从本本出发，思想僵化，迷信盛行，那它就不能前进，它的生机就停止了，就要亡党亡国。对于中国的发展，他尖锐地指出，如果现在再不实行改革，我们的现代化事业和社会主义事业就会被葬送。邓小平的这个讲话，提纲挈领地抓住了历史转折中最根本的问题，指出了“文革”以后中国向何处去的正确方向和指导思想。它以全新的理论视角，启发了全党的思路，振奋了人们的精神，对于推动整个国家走向建设有中国特色的社会主义道路起到了关键性的作用。

由于邓小平的这个讲话对十一届三中全会的主题作出了高屋建瓴的充分论述，所以，三中全会开得十分顺利，只用5天时间就议定了实现历史转折的所有重要问题。全会的重要成果，体现于文字精练、高度概括的《公报》。而全会的主题报告，实际上就是邓小平在中央工作会议闭幕会上的重要讲话。

1978年12月18日至22日，党的十一届三中全会在北京举行。会议标志着新中国成立以来我们党历史上的又一次伟大转折。它不仅结束了粉碎“四人帮”后两年的徘徊，而且从根本上清除了由实践证明对党和人民事业极为有害的错误思想和一切表现。同时拉开了社会主义改革开放的序幕。

全会的一个重大成果就是把全党全国工作重心从“以阶级斗争为纲”转移到社会主义现代化建设上来，解决了党的十一大没有解决的问题。全会认为，把全党工作的着重点和全国人民的注意力转移到社会主义现代化建设上来，对于实现农业、工业、国防和科学技术的现代化，巩固我国的无产阶级专政具有重大意义。全会提出了党在新的历史时期的政治路线，邓小平同志概括为：“我们的政治路线就是搞社会主义现代化建设。”

十一届三中全会认真地讨论了

“文革”中发生的一些重大事件和历史遗留问题，开始了彻底纠正“文革”错误的历史进程。全会根据邓小平的讲话精神，从总结历史经验入手，提出为保障人民民主，必须加强社会主义法制，使民主制度化、法律化，使这种制度和法律具有稳定性、连续性和极大的权威，做到有法可依、有法必依、执法必严、违法必究。

全会把改革提上了议事日程。全会公报指出，实现四个现代化，要求大幅度地提高生产力，也就必须要求多方面地改变同生产力发展不适应的生产关系和上层建筑，改变一切不适应的管理方式、活动方式和思想方式。我国后来所进行的一系列重大经济体制改革措施和政治体制改革的方案，盖源于十一届三中全会的精神。

全会重新确定了党的马克思主义的思想路线，高度评价真理标准大讨论。在组织上，撤销了中央有关“批邓、反击右倾翻案风”运动和天安门事件的错误文件，纠正了彭德怀、陶铸等一系列重大冤案，增选了陈云、胡耀邦等人进入中央领导层。

十一届三中全会是党和国家历史发展中的伟大转折点，实际上形成了以邓小平为核心的党中央第二代中央领导集体。从此，中国社会在邓小平同志的指导下，大步跨向了改革开放的新时期。

共和国大厦的四根擎天巨柱

拨乱反正期间，邓小平领导中国现代化建设的过程中，始终面临着来自“左”和右的两个方面的干扰。“左”就是“文革”遗风，这是主要危害。十一届三中全会摒弃“以阶级斗争为纲”，实现战略重点转移，平反冤假错案，发扬民主，健全法制，倡导改革开放，等等，这都是纠“左”的成果。右则是从一个极端走向另一个极端，主张在纠“左”中彻底否定社会主义制度，否定共产党的领导，再次把中国引向内乱。这同样是严重的社会危害。在主要防止“左”的同时还要警惕右，这是邓小平提出的一个重要的战略思想。

彭德怀、陶铸追悼会现场

十一届三中全会刚刚结束，党的理论工作务虚会如期举行。邓小平时刻关注着会议的动向，并就会上提出的许多问题进行了深入的研究。1979年3月30日，他到会发表长篇讲话，提出了坚持四项基本原则的著名观点。四项基本原则，即坚持社会主义道路，坚持无产阶级专政，坚持共产党的领导，坚持马列主义、毛泽东思想。这四个坚持以前都曾提出过，但邓小平把它们综合起来，形成一个新的政治概念，并将之作为立国之本，这就是一种理论上的创新。中国要实现现代化，面临复杂的环境和社会矛盾，必须有一个长期稳定的政治局面和已确立的政治方向。中国不能乱。乱了，现代化就没有希望。这是中国问题中大局的大局。不能乱，靠什么？靠正确道路、强有力的国家机器、党的核心领导和先进的理论武器，这四条相辅相成，缺一不可，有了这四个原则，现代化才有政治保证。四项基本原则的提出，为共和国大厦撑起四根擎天巨柱，使共和国遇狂澜而不倒。

"四人帮"垮台了，"两个凡是"被真理标准大讨论的巨浪冲倒在地，晚年毛泽东确立的一个个观点被驳正，晚年毛泽东定的一个个铁案被平反。西方人自以为是地说：中国正在"非毛化"。

如何评价前任领导人的功过是非，这不仅仅是一个很容易让人动感情的事，更重要的是它对全局关系非小。

然而，中国共产党人决定采取决议的方式，正确评价了毛泽东及毛泽东思想。决议的起草工作自1979年深秋即已开始，起草的工作漫长而艰难。邓小平如总设计师，掌握着整个进程，他先后十六七次提出对决议稿起草和修改意见，吸取一条条建议，纠正一个个偏差，将其逐步引入正确的轨道。决议核心的部分是对毛泽东的评价，邓小平对此非常慎重。一位参加过起草工作的同志回忆道："小平同志一开始就提出来，这个指导思想非常明确，就是说，要在重大的问题上，特别是对毛泽东同志和毛泽东思想的评价，在这个重大问题上，要统一认识，这是历史决议的首要的任务。他有一次甚至于讲了这个话，就说如果这个部分不写或写不好，那么，整个决议可以不要做。你讲'文化大革命'也好，你讲毛泽东同志的错误也好，那小平同志受的打击最大。但是，他不是从个人感情出发来看这个问题，而是从党的事业，从我们的历史，从我们的实际出发，所以他认为，尽管'文化大革命'的错误必须要否定，要坚决否定，不能再搞'文化大革命'这一套。但是不能因为否定'文化大革命'的错误，就否定毛泽东同志作为伟大的革命家的一生。也不能说否定毛泽东同志的错误，就把毛泽东思想完全抛弃。"

1981年6月，中国共产党十一届六中全会一致通过了《关于建国以来党的若干历史问题的决议》，这标志着党在指导思想上的拨乱反正工作的胜利完成。后来，江泽民在党的十四大上，对这个决议有一个评价，他说："十一届六中全会专门作出关于建国以来党的若干历史问题的决议，根本否定了'文化大革命'和'无产阶级专政下继续革命'的理论，同时坚决顶住否定毛泽东同志和毛泽东思想的错误思想，维护了毛泽东同志的历史地位，肯定了毛泽东思想的指导作用。随着国内局势的发展和国际局势的变化，越来越显示出党作出这个重大决策的勇气和远见。"

（选自《党建》1998年第7期）

十一届三中全会后的中南海 / 苏维民

1978年12月，具有伟大历史意义的中共十一届三中全会召开，提出将全党工作重心转移到社会主义现代化建设上来。12月25日，中共中央政治局决定胡耀邦任中共中央秘书长，胡乔木、姚依林为中共中央副秘书长，负责处理党的日常工作；任命姚依林为中共中央办公厅主任，免去汪东兴的中央办公厅主任职务。

十一届三中全会以后我也得到平反。1979年3月1日，我回到阔别14年的中南海，回到了气象一新的中央办公厅。

排除干扰为干部平反

十一届三中全会后，原中办的陈麒章等几位老同志就联名给党中央写信，提出在"文化大革命"中，原中央办公厅被诬陷是"'彭罗

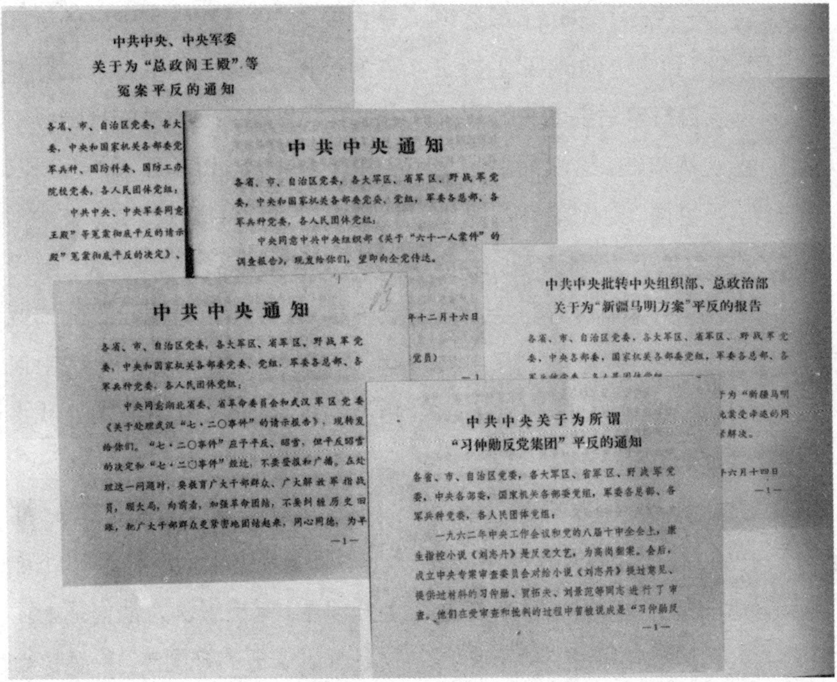

中共中央为"文化大革命"中和历史上受错误批判或遭受诬陷的冤假错案平反的部分通知

陆杨'反革命政变集团的黑窝子、烂摊子",中办的工作人员是"杨尚昆招降纳叛来的死党、爪牙",现在复查工作仍然控制在过去整人的人手里,要求立即改组复查班子,为整个中办和受迫害的同志彻底平反,恢复名誉。1979年2月2日,胡耀邦阅后立即批示"同意先调整复查班子,实事求是地抓紧落实党的干部政策"。可以说,没有胡耀邦"先调整复查班子"的果断决策,中办受迫害同志的平反不会顺利进行。我的平反经历也证明了这一点。十一届三中全会闭幕不久,原中办政治部秘书处的一位处长,打电话约我去谈关于给我平反的问题,我准时去了,他却违约,我等了半个多小时不见人影。我想,十一届三中全会以后你还如此傲慢,我也没有时间奉陪,看你还找不找我。又过了一些日子，刘火、彭达彰等老同志回到中办政治部主持工作，刘火亲自打电话要我去谈平反问题，我欣然前往。这次同上次大不一样，一见面，刘火就开门见山地说："中央的政策你清楚，给你平反"。话不多，掷地有声，令人倍感温暖。几天后，我就收到了中办政治部下发的《关于苏维民同志的平反决定》。

"文化大革命"以打倒"彭罗陆杨"开始，杨尚昆首当其冲，在解决历史遗留问题时，因当时中央主要领导人在1978年11月中央工作会议上仍然坚持杨尚昆"在私录毛主席谈话的问题上犯有错误"，需要复查，因此，为杨尚昆和中央办公厅平反被迫拖了一段时间。经过认真复查，事实证明"文化大革命"中林彪、江青一伙强加给原中央办公厅和杨尚昆等同志的一切罪名，包括所谓"私录毛主席谈话"全属不实之词。"文化大革命"前，中央办公厅在杨尚昆的领导下，绝大多数干部和群众，认真负责，努力工作，完成了中央交给的各项任务，成绩是主要的，曾多次受到中央领导同志的赞扬。关于为原中央办公厅和杨尚昆等同志平反问题的报告经中央书记处批准，1980年10月23日以中央办公厅文件印发全党。文件指出："文化大革命"中，中办干部受到迫害，仅立案审查现已平反的就有238人。毫无疑问，这238人中包括我在内。现在，中央正式给我平反了。

与此同时，对"文化大革命"期间与"四人帮"有牵连的人的处理十分慎重。党组织认为他们绝大多数是可以信任的好同志，虽然执行了"四人帮"的路线，但属于被迫执行任务。当然，在"文化大革命"被否定以后，不再适宜担任原来的职务了，要重新分配工作。这与林彪、"四人帮"一伙对老革命家、老干部动辄打倒，对在他们身边工作的人也不分青红皂白，一律扣上"死党"、"爪牙"的罪名进行残酷斗争无情打击完全不同。在重新分配他们工作时，一般考虑到他们的工作经历和特长，按照原来的职级安排适当工作。但即使这样也不免触及他们在某些方面的既得利益。那时，个别人牢骚满腹，不断要求新的中办领导满足他们的无理要求。例如一位同志是学水产的，分配他去水产部工作本来正好对口，但他也要求重新分配工作。因“文化大革命”中犯有错误已免职的一位同志的儿子来信气势汹汹地质问，为什么把他父亲家中的电话撤了（那时配备电话是工作需要，当时线路紧张，因工作需要等候安装电话的人很多，并不涉及待遇问题）。相反，一些老同志、老领导复出以后，却是十分谨慎、兢兢业业，处处做表率。有一天（那天是星期日），我因一件事打电话咨询军委卫生部，接电话的是时已78岁高龄的贺诚部长。我很惊讶，这位老部长很平静地说，“今天是我值班，有什么事你请讲”，并认真地答复了我的问题。

简朴、高效、亲民

我回到中办时，中南海内正大搞土木工程，即所谓“五一九”工程，中南海内俨然是个大工地。工程虽已接近尾声但环境杂乱无章，道路泥泞难行，根本不像是机关的样子。

当时，中央秘书长、副秘书长和中央办公厅几位领导同志就安排在“文化大革命”时期汪东兴办公的丙楼办公。丙楼是一座大约只有2000平方米的三层建筑。因为当时丙楼二、三两层被中央专案组占用，专案组虽已停止工作，但是房间内堆积着大量文件、材料，人去楼未空，能够使用的只有一层。中央政治局委员、中央秘书长兼中央宣传部部长胡耀邦，中央副秘书长兼中央办公厅主任姚依林，中央副秘书长胡乔木和中央办公厅第一副主任冯文彬，中央办公厅副主任邓力群、邓典桃，都挤在一层南侧的几间房子里，两人共用一个卫生间，办公条件非常简陋。丙楼原有东、北、西三个门，汪东兴在此办公时，封闭了西、北两个门，出入丙楼只能通过东门，胡耀邦和胡乔木、姚依林以及中办的几位副主任进驻丙楼后，立即打开了被封闭多年的西、北两个大门，东门的岗哨

叶剑英代表中共中央、人大常委会在国庆30周年大会上讲话，对新中国成立后的历史作初步总结

也随即撤销，警卫森严的丙楼又可以随意出入了。

原机要干校的部分学员认为他们的级别定低了，要求重新定级。对此姚依林非常重视，亲自做思想工作，请他们到中南海西楼大厅座谈，通过面对面坦诚交谈，轻松地化解了他们的抵触情绪。

当时中央秘书长、副秘书长每天都要集体办公，中办的两位副主任冯文彬和邓力群固定列席。秘书长集体办公议定事项一般直接交有关主管部门去落实，重大事项要请示中央常委同意后再办，那时是中央办事效率最高的时期之一。

1979年是新中国成立30周年。中央决定召开庆祝大会并由叶剑英发表讲话。当时，叶剑英在广州，为此，冯文彬乘专机去广州征询他的意见，回京后，立即由胡乔木牵头组织班子开始起草讲话稿。讲话稿经十一届四中全会通过，充分肯定新中国成立以来取得的伟大成绩，初步总结了30年的经验教训，明确指出要从实际出发，认真研究经济规律和自然规律，努力走出一条适合我国国情和特点的实现现代化的道路。9月29日，我也去人民大会堂参加了庆祝中华人民共和国成立30周年大会。当叶剑英讲到粉碎“四人帮”，我们从危难中挽救了党，挽救了国家时，华国锋插话高度称赞叶剑英在这场斗争中的特殊功勋。10月1日、2日两天，全国人民欢度假日，胡乔木却顾不上休息，把自己关在丙楼的办公室里，字斟句酌地为这篇长达2万多字的讲话最后定稿。

拨乱反正、解决历史遗留问题

中央办公厅的工作就是为中央服务，保证中央工作正常运转。面对10年"文化大革命"的破坏，中办的工作也是千头万绪，百废待兴，但是归根结底是拨乱反正和落实干部政策两件事。

关于拨乱反正，十一届三中全会后，中央办公厅发出的第一份文件是关于停办五七干校的通知。接着又发出第二个文件，关于恢复电话39局的通知。在"文化大革命"中，39局被划归警卫局作为该局的一个处级单位，现在要回到北京市电信系统，多数人不愿脱军装，顾虑待遇下降，为此要做细致的思想工作，讲政策，讲形势和电信事业发展前景，还要算细账到每个人头，指出39局回到电信系统后，职工工资加上奖金和各种福利，不存在待遇降低问题。

"文化大革命"开始后，中办的调研机构"后楼"即被诬为"烂摊子"而撤销，历史证明这是完全错误的。十一届三中全会闭幕后，为了适应党的工作重心转移和改革开放的新形势，在邓小平和胡耀邦、胡乔木、姚依林等领导人的关怀下，决定在原中办秘书局研究室的基础上，增调一批人员并与国务院研究室合并，成立中央办公厅研究室。1979年4月，中办研究室正式成立，中办副主任邓力群兼研究室主任。这是中办的一项重大拨乱反正。

十年内乱，文风不正。一些中央文件空话、套话连篇，政策互不衔接，政策规定和相关法律抵触，文件没有标题，一律是"通知"。转变文风，规范发文制度也是一项重要的拨乱反正，是中央办公厅秘书工作的主要职责之一。为此，从那时起"文件把关"就成了"文化大革命”前没有、三中全会以后新增加的一项经常工作。

在真理标准问题大讨论的基础上，9月，中央办公厅在警卫局礼堂召开批判大会，批判在“文化大革命”时期中办领导人的一系列错误。大会连续开了几天，共有28位同志发言（有的发言是代表多人的联合发言）。原“后楼”的一位同志发言指出，“文化大革命”前中办干部在“文化大革命”中被定为敌我矛盾的49人，被关入监狱的10人，受各种处分的128人。中办政治部的一位同志发言指出，原中央办公厅主任、副主任杨尚昆、曾三、邓典桃、龚子荣、田家英、李质忠、童小鹏全部被打倒；“后楼”共有干部59人，立案审查36人；正副组长10人一律被划为“黑帮”。中办研究室的负责人用了两个半天作了长篇发言，结合中办的实际在思想上进行了“拨乱反正”。

当时，大量群众上访要求平反冤假错案、落实政策。中办信访局的力量虽一再加强仍然难以应付，后来胡耀邦决定从中央机关临时抽调1000名干部参加信访工作，认真听取上访人员的倾诉，并陪同他们返回原地，帮助各地党政机关实事求是地解决他们的问题。随后，又召开了全国上访工作座谈会，胡耀邦到会讲话再一次强调要尽快为“文化大革命”造成的一切冤假错案平反。此后，上访高潮逐渐平息。

“文化大革命”中，许多单位被“砸烂”，停止活动，房子被别的单位占用，现在恢复工作却无处办公。例如中央宣传部恢复后，就曾先后临时安排在钓鱼台国宾馆和中南海新建的301号楼办公。解决“文化大革命”中乱占房子造成的遗留问题是当时最棘手的问题之一。

中南海里的紧日子

那时我国财政经济十分困难。1979年4月的中央工作会议提出对整个国民经济实行“调整、改革、整顿、提高”新的八字方针。本来，粉碎“四人帮”以后，我国国民经济停滞、倒退局面已迅速扭转，工农业增产，财政收入增加，为什么还要提出新的调整国民经济"八字方针"呢？主要是十一届三中全会前的两年没有认识到十年内乱对国民经济干扰破坏的后果严重，经济建设还是急于求成，重大比例进一步失调。但是新的调整国民经济方针提出后，全党认识很不一致，执行也很不得力。

国民经济困难的严峻形势，也反映在中南海内。那一段时间，中央召开各种会议，只招待一杯白开水，如果你想喝茶要收茶叶钱2角，没有带钱就记账以后补交。这个规矩直到1982年后才取消。中央召开小型会议，不安排住宾馆或招待所，而是在中南海内挤，勤政殿、丙楼、152楼、202楼和警卫局大楼都住过各地来京开会的同志，杨尚昆从广东来京参加会议也住过勤政殿。一幢房子既办公又是招待所也是前所未闻。中央召开会议就餐收费也根据工资高低不同而有所不同，无论与会人员还是会议工作人员，月工资百元以下的每人每日收4角，百元以上者则一律每人每日收1元。

中共中央总书记胡耀邦

1980年2月29日，十一届五中全会决定恢复设立中央书记处作为中央政治局和政治局常委领导下的经常工作机构。增选胡耀邦为中共中央政治局常委、中央委员会总书记。全会作出《关于为刘少奇同志平反的决议》、《关于批准汪东兴、纪登奎、吴德、陈锡联四位同志请求辞职的决定》，决定免去汪东兴的党中央副主席、中央政治局委员、政治局常委、中央军委常委、中央党校第一副校长的职务。

五中全会后，1980年3月8日，中央书记处正式在中南海改建后的勤政殿办公，中央书记处书记胡乔木、姚依林，中央办公厅副主任冯文彬、邓力群的办公室也随之由丙楼搬到勤政殿。新的勤政殿是在拆除旧勤政殿后在原址兴建的面向南海背靠中海、坐北朝南的一幢长方形平房，整个建筑呈"日"字

胡耀邦

形，房屋中间有两个四四方方的院落，是“五一九”工程的一部分。

当时，胡耀邦家住北长街会计司胡同，和中南海只是一墙之隔，后来还打通了一个门，来往就更方便了。但是，他担任中共中央总书记后，就吃、住在勤政殿，每天清晨，第一件事是在床上看当天的《人民日报》清样，星期天也很少回家。作为总书记，日理万机，每天要批阅大量文件，送给他的请示、报告，大多是当天处理完毕，从无积压。疲倦时就由警卫秘书李汉平陪着去“海”边散散步，如果天气不好或晚间就在勤政殿内的过道里转上几圈。他身上带有“计步器”，每天坚持走路，并力争达到万步的目标，既是休息，也锻炼了身体。不久，他倡议在勤政殿办公的全体人员，要恢复过去的优良传统，参加一点体力劳动，每星期六下午2点，他准时带头走出办公室，和大家一起把勤政殿院内和周边打扫得干干净净。

胡耀邦特别注重调查研究。他经常外出视察，计划要把全国2000多个县、市都跑一遍，但这是很难实现的。因此，他去南疆视察时，不忘把西藏阿里地委书记请到新疆，听取汇报。他经常走到一个地方临时停车，要当地干部汇报工作，和群众拉家常，所以能听到、看到很多真实情况。有一年春节，他路过一个县委机关，临时停车，发现这个县的县委机关纪律松弛，无人值班，受到他的严厉批评。还有一次在内蒙古，到一个牧民家里做客，那家的女孩子歌唱得很好，近乎专业水平，引起胡耀邦的怀疑，七问八问，结果那个女孩子对这个家庭情况茫茫然，不得不承认她是从文工团临时借来的。

1983年1月，胡耀邦在一个专业会议上发表《四化建设和改革问题》的讲话，宣传和进一步阐述邓小平关于改革要贯穿四个现代化的整个过程，没有改革就不可能实现四个现代化的重要思想，提出衡量我们各项改革对或不对的标准：是否有利于建设有中国特色的社会主义，是否有利于国家的兴旺发达，是否有利于人民的富裕幸福。这个讲话没有正式向下传达，但是受到广大干部的欢迎，讲话要点不胫而走，广为传播。

胡耀邦到勤政殿办公不久，就想到“文化大革命”以后许多老同志被整或靠边站，从那时起再也没有来过中南海，他们可能有许多话要向书记处的同志倾诉，就决定每逢星期日勤政殿敞开大门，欢迎老同志们来做客、谈心。一个月以后，为庆祝五一劳动节，又正式以中央办公厅名义发出请柬，邀请在京各部门主要负责同志参观中南海毛泽东主席故居。以后逐步扩大范围，决定中南海每逢节假日对外开放，一下子消除了中南海在人民群众中的神秘感，拉近了党中央和群众的距离。

十一届三中全会以后，尽管国家财政非常困难，但还是为广大干部、职工调整了23年没有调过的工资。1979年，我由行政17级调为16级，1981年，又调为15级。但是，中央领导人并没有给自己调工资。胡耀邦仍然是行政5级，月工资只有340余元。那时我作为勤政殿支部的组织委员，负责按月收党费，胡耀邦坚持从他每月工资中拿出10元钱超额交党费（当时规定工资百元以上按1%交党费，他应交3.4元）。

在1981年6月召开的十一届六中全会上，胡耀邦当选为中共中央委员会主席。他讲了一段很好的话，他说，两个没有变。“一是老革命家的作用没有变，二是我的水平也没有变”。他说：“我的水平并没有变，那更是同志们看得很清楚的。因为世界上根本不可能有这样的情况：一个人的职务突然上升了，他的本事也随即膨胀起来。今天的胡耀邦，还是昨天那个胡耀邦。”

当然，胡耀邦也有因考虑欠周全、失误的地方，但是任何人只要做工作，就不能要求他绝对不犯错误。胡耀邦在勤政殿日以继夜，呕心沥血，一心为了国家早日实现四个现代化而忙碌着。我很欣赏满妹在她的那本《思念依然无尽》一书中给她父亲的评价：“只属于党，属于人民，属于工作，属于勤政殿。”

（选自《百年潮》2011年第1期）

党的十一届三中全会的历史意义 /龚育之

我们党和国家历史的新时期，为什么以十一届三中全会为开端，而不是以别的历史事件比如说以粉碎“四人帮”为开端呢？这是有深刻的历史含义的。

粉碎“四人帮”、结束“文化大革命”，是很重大的历史事件，有很重要的历史意义。没有这个，就不可能有十一届三中全会的转折。有了这个，就为实现伟大历史转折提供了契机。

但是，当时党的最高领导人没有能够把握这个契机，“两个凡是”的指导思想使我们的事业在前进中出现徘徊。党的十一大在揭批“四人帮”、动员全党建设社会主义现代化强国方面，是有历史贡献的，但是，十一大是在肯定“文化大革命”的前提下宣布第一次无产阶级“文化大革命”结束的，是坚持以

中共中央党校校园内毛泽东手书“实事求是”的壁照

指导“文化大革命”的理论——“无产阶级专政下继续革命理论”为党的指导思想的，因而不可能真正实现历史要求于我们党的从“文化大革命”造成的困境中摆脱出来，开辟新道路，开辟新局面的转折。

经过十一届三中全会，我们党才结束了粉碎“四人帮”之后两年在徘徊中前进的局面，实现了新中国成立以来党的历史的伟大转折。

这个伟大转折，表现在以下十个方面：

第一，这次全会实现了思想路线的拨乱反正。思想路线的拨乱反正是各方面拨乱反正的前提和先导。回顾党的历史，正是由于毛泽东在反对本本主义和延安整风中为我们党确立了实事求是的思想路线，才把马克思列宁主义同中国实际结合起来，找到了适合中国情况的有中国特色的具体道路，引导中国民主革命取得全国胜利。新中国成立以后，从根本上说，我们的成就都是继续坚持这条思想路线的结果，我们的失误则是背离这条思想路线的结果。在“文化大革命”中，个人崇拜盛行，实事求是的思想路线遭到破坏的状况达到极致。“两个凡是”则是这种状况在“文化大革命”结束后的某种延续。十一届三中全会继承延安整风的传统和智慧，批评和否定了“两个凡是”，为我们党恢复和重新确立了解放思想、实事求是的思想路线。正如全会公报所指出的那样，“只有全党同志坚持实事求是、一切从实际出发、理论联系实际的原则，我们党才能顺利实现工作中心的转变，才能正确解决实现四个现代化的具体道路、方针、方法和措施，正确改革同生产力迅速发展不相适应的生产关系和上层建筑”。

第二，这次全会实现了政治路线的拨乱反正。这是最根本的拨乱反正。新中国成立之初，党就要求各项工作必须以发展生产为中心。党的八大，确定要以在新的生产关系下保护和发展生产力为主要任务。这以后我们的失误，归根到底，就是抛开了八大路线，在社会主义基本制度建立起来以后仍然以阶级斗争为纲，扩大化的人为制造的阶级斗争的政治运动一个接着一个，没有集中力量进行经济建设。十一届三中全会果断地作出把全党工作的着重点转移到社会主义现代化建设上来的战略决策。这是八大正确路线的恢复和发展，使我们党能够接续并在新的历史条件下大大推进由毛泽东《论十大关系》和党的八大开始的对中国自己的建设社会主义道路的探索。

第三，这次全会实现了组织路线的拨乱反正。组织路线的拨乱反正包括多方面的内容，要从中央贯彻到各级，是一个较长的过程。但是，以邓小平为核心的新的中央领导集体经过十一届三中全会在实际上建立起来，这是最重要的成果。正是从这个意义上，我们说，这次全会实现了组织路线的拨乱反正，使重新确立的思想路线和政治路线的贯彻，有了组织的保证。

这三条，是关键的三条。同这三条相联系，我觉得还要从以下一些方面来作更展开的分析。这就是：

第四，这次全会开始了系统地清理重大历史是非的拨乱反正。会议期间，解决了历史上遗留的一批重大问题和一些重要领导人的功过是非问题，会议又强调了“实事求是、有错必纠"的原则和平反冤假错案"还要抓紧解决"的任务。虽然在这次全会上还没有条件解决"文化大革命"这个最大的历史是非和"文化大革命"以前的一系列重大历史是非，但全会公报已经宣布要在适当的时候对"文化大革命"加以总结。这件事是到十一届六中全会通过《关于建国以来党的若干历史问题的决议》才解决的。从十一届三中全会到六中全会，完成了这项历史任务，从而完成了党的指导思想的拨乱反正。

第五，这次全会提出了在转折时期，在纠正历史错误的时候，正确对待毛泽东的历史地位和毛泽东思想的科学体系的根本方针。全会公报中说："毛泽东同志在长期革命斗争中立下的伟大功勋是不可磨灭的。""毛泽东同志是伟大的马克思列宁主义者。他对于包括自己在内的任何人，始终坚持一分为二的科学态度。""党中央在理论战线上的崇高任务，就是领导、教育全党和全国人民历史地、科学地认识毛泽东同志的伟大功绩，完整地、准确地掌握毛泽东思想的科学体系，把马列主义、毛泽东思想的普遍原理同社会主义现代化建设的具体实际结合起来，并在新的历史条件下加以发展。"这个根本方针，也就是邓小平在指导制定建国以来历史决议的过程中进一步深刻阐明和展开论述的方针，既使我们能够实事求是地去指出和纠正毛泽东晚年的错误，又使我们能够客观地尊重我们党和人民奋斗的历史，不至于迷失方向，丧失我们的基本立足点。

这两条是联系到十一届六中全会来分析的。

第六，这次全会恢复了党的民主集中制的传统。在"文化大革命"及其以前的一段相当长的时间，我们党内许多错误决策之所以能够形成并且难以得到纠正，就是因为个人专断发展起来，民主集中制受到严重破坏。粉碎"四人帮"后，恢复民主集中制的进程也是处在徘徊中前进的状态。十一届三中全会以及为它作准备的中央工作会议，发扬了党内民主，领导层中多数人的意志能够在中央会议上表达，最高领导人的错误能够在中央会议上由多数来纠正。这就显示出真正实行民主集中制的巨大威力，使广大党员大大增强了对党的信心。“民主是解放思想的重要条件”，不仅成为这次全会的共识，而且由这次全会活生生地体现出来。由此提出了保障人民民主，加强社会主义法制，使民主制度化、法律化的任务。

第七，这次全会作出了实行改革开放的新决策。从“以阶级斗争为纲”转变到以经济建设为中心，从僵化半僵化转变到各方面改革，从封闭半封闭转变到对外开放，这三大转变，同随即提出的坚持四项基本原则一道，构成十一届三中全会路线的基本框架。从此，改革开放成为我们党和国家历史发展的最引人注目的时代内容。

邓小平说过：十一届三中全会提出的一系列新的政策，从国内来说，“最重大的有两条，一条是政治上发展民主，一条是经济上进行改革，同时相应地进行社会其他领域的改革”。又说过：改革包括对外开放在内。这也就是我们这里说的第六、第七两条。

第八，这次全会启动了中国农村改革的新进程。

这一条是从第七条中引申出来的，下面还要展开论述。

最后，我以为还要提到这样两条：

第九，这次全会评估了我国外交政策的新进展。全会公报提到不久前缔结的中日和平友好条约与刚达成的中美建交协议。由此进一步打开对外关系新局面，并且逐步作出关于战争危险、时代主题的新判断和外交战略的新转变，为我们集中力量进行现代化建设和实行改革开放，创造着有利的国际环境。

第十，这次全会展望了祖国统一的新前景。全会公报中说：“随着中美关系正常化，我国神圣领土台湾回到祖国怀抱、实现统一大业的前景，已经进一步摆在我们面前。”由此引起用“一国两制”的方式来和平解决台湾、香港、澳门问题的新构想。这样，集中力量进行现代化建设，维护世界和平反对霸权主义，实现祖国统一，成为摆在中国人民面前的三大历史任务。

由于这样一系列根本性转变和战略性发展，党的十一届三中全会的路线，实际上取代了十一大的路线。正如邓小平在1983年同澳大利亚共产党(马列)主席谈话时所说的："我们真正的转折点是1978年底召开的十一届三中全会。三中全会实际上制定了新的纲领、方针和政策，制定了新的思想路线、政治路线和组织路线。"十一届三中全会制定的新路线，经过党的十二大肯定，又经过以后各次党的全国代表大会的坚持和发展，成为党在新时期确立的社会主义初级阶段的基本路线。

（摘自龚育之：《龚育之党史论集》下卷，湖南人民出版社2009年版）

回顾『大包干』联产承包制产生与发展

／王郁昭

一份省委文件的诞生揭开了安徽农村改革的序幕

（20世纪）70年代我在安徽省滁县地区工作。在此之前，我较长期在大学任职，分管教学和理论思想工作。"文革"中受迫害，直到1969年才被"解放"，但又被迫全家下放农村当农民，因而同农民建立了深厚的感情，对农村人民公社和农民的生活情况有比较深刻的了解。当时农村存在的主要问题是生产上瞎指挥、干活"大呼隆"、出勤不出力、窝工混工的现象十分严重；在分配上"吃大锅饭"，搞平均主义，财务混乱，再加上干部多吃多占，甚至贪污挪用，不能真正实现按劳分配，经过七扣八扣，到年终分配时所剩无几；动不动就砍“资本主义尾巴”，对社员经营的少量自留地、家庭副业限制过多过死；不许农民外出流动，限制农民参与集市贸易活动等等，因而农民生活长期处于贫困状态。1970年经省委一位老同志建议，省里又把我从农村召回，派到滁县地区全椒县当了几年县委副书记、书记，1975年又调到地委工作。在这期间为了解决农村存在的实际问题，地委在农村着重推行了“一组四定、分组作业、实行小段包工”的办法；认真贯彻党在农村的经济政策，清理财务，落实按劳分配政策，尽量使社员能够多分配一点；同时鼓励支持社员种好自留地，搞好家庭副业，注意调动农民的积极性等重大措施。所有这些，得到了农民的拥护。1977年上半年，地委组织了三百多名干部，深入到四百多个生产队，对贯彻落实党在农村的经济政策情况进行了调查，并向省委写了一份综合调查报告，在上报之前，我曾将情况向当时的省委书记专门做了汇报，当时正是“两个凡是”（“两个凡是”是1977年2月7日《人民日报》、《红旗》杂志、《解放军报》社论《学好文件抓好纲》中提出的“凡是毛主席作出的决策，我们都坚决维护，凡是毛主席的指示，我们都始终不渝地遵循”。1977年4月以后，邓小平同志多次指出“两个凡是”不符合马克思主义）盛行的时候，他以落实政策不能影响抓纲治国、大干快上为借口，认为现在不是抓政策的时候，不予支持。因而这份报告，在没有上报之前就被“枪毙”了。

1977年6月中央重新组建了安徽省委的领导班子，派万里同志任第一书记，地委把这份综合报告稍加修改后正式上报了省委。7月份万里看到这份报告后，当即批示各地、市、县委，指出落实党在农村的经济政策非常重要，要求各地重视这个问题，对报告中所提出的建议，各地可参考执行。同时省委书记顾卓新同志还要我从一百多篇调查报告中选择几十篇印成小册子，发给各地参考。此后省委负责同志又亲自到农民中进行调查，直接听取基层干部和农民的要求和呼声，

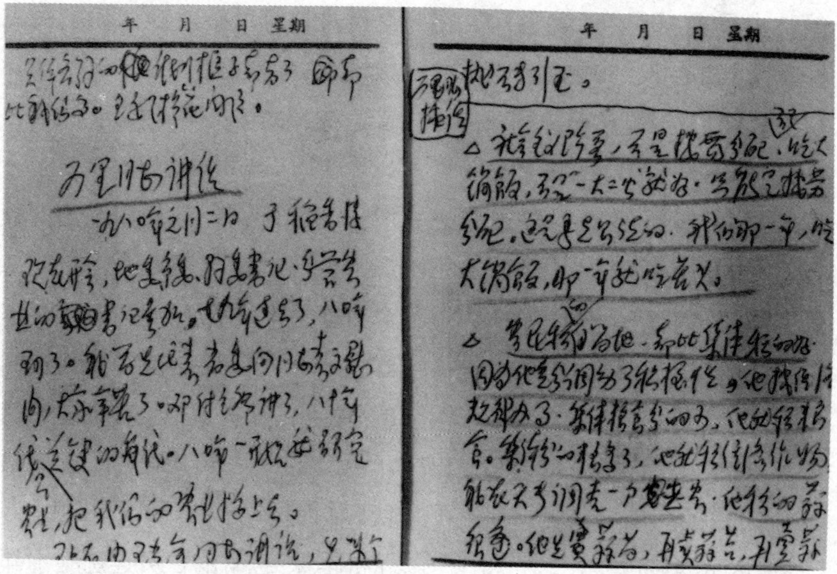

时任中共滁县地委书记的王郁昭记录万里讲话的笔记

并在滁县地委报告的基础上，形成了省委《关于当前农村经济政策的几个问题的决定》（简称省委"六条"），经召开全省县委书记会议讨论修改后于11月正式公布，在全省贯彻执行。省委"六条"决定的主要内容是：搞好农村经营管理；尊重生产队自主权；允许生产队根据农活情况建立不同形式的生产责任制，可以组织作业组，适合个人干的农活可以责任到人；减轻社员和社队负担；坚持按劳分配原则，兼顾三者利益；允许和鼓励社员自主经营自留地和家庭副业；开放集市贸易等等。这些规定用今天的观点来看，并没有什么了不起，可是在当时却是冲破了许多"禁区"，是政策上的拨乱反正。"六条"公布以后，全省上下反映强烈，受到了广大基层干部和农民群众的普遍欢迎。随着"六条"的贯彻，实际上揭开了安徽农村改革的序幕，敲响了中国农村改革的钟声。

"三个秘密武器"与"双包到组"的兴起

1978年安徽遭受历史上罕见

的特大旱灾。9月初，滁县地委召开四级干部会议，布置生产自救和秋耕秋种。此时党的十一届三中全会还没有召开，但“实践是检验真理的唯一标准”的大讨论已经进行了几个月，“两个凡是”的观点正受到质疑，随着省委“六条”的贯彻，农村“左”的错误已开始进行纠正，各级干部群众的思想正在活跃起来。会上，许多公社干部提出一个尖锐的问题：农业长期上不去，原因究竟在哪里？一个公社上不去，两个公社上不去，为什么全区二百四十多个公社都上不去？难道我们这些公社书记都是笨蛋吗？他们强烈要求地委解放思想，放手让下面干，干上去了不求表扬，干不上去自动下台。为此，地委充分发扬民主，让他们把心里话讲出来。结果来安县和天长县的一些公社书记把他们称之为“秘密武器”的三个典型介绍了出来：第一个典型是来安县烟陈公社杨渡大队魏郢生产队，1978年春他们把生产队分成两个组，每组10户，实行“三包一奖”的联产承包责任制。实践证明这种办法可以有效地调动农民积极性，在大旱之年，在其他生产队普遍减产的情况下，这个队的粮食产量在1977年8.8万斤的基础上，增长到12万多斤，油料超过历史最高水平，人均收入增长30%。第二个典型是天长县新街公社，1978年春由于天大旱棉花苗面临着枯死的危险，公社决定把全公社的棉花“包产到户”，超产奖励，减产赔偿，从而调动了社员的积极性，为了抗旱保苗，有的社员连洗脸水都用来浇棉花，结果大旱之年棉花亩产量由1977年的29公斤增长到55公斤，增产89%。第三个典型是来安县广大公社把全年粮、油、棉和猪、禽、蛋等生产指标，对基层干部实行岗位责任制，年终时按实绩进行奖罚，大旱之年生产全面增产。但是这些办法在当时尚属“禁区”，被称为“秘密武器”，只能暗中实行。

11月份我到了合肥，万里知道后便找我去谈谈农村的情况，从晚饭后7点多钟开始谈到了10点多钟，我把当时农村存在的问题和抗旱救灾的情况，以及上述三个“秘密武器”作了详细汇报，万里同志非常重视，要我把“三个典型”作详细调查并向省委写出报告。

万里同志看了滁县地委三个调查报告后，随即通知地委可以进行试点。为此滁县地委发了96号文件，将三个调查报告印发全区，要求各县先在一个大队或一个公社进行试点，待取得经验后再逐步推广。文件下达后，各县纷纷要求扩大试点范围，许多社队争当试点。随后，一些不是试点的社队也自发地搞了包产到组。这里要特别指出的是，凤阳县的城南公社岳林大队岳北生产队分四个作业组，年终分配时，该给国家的征购任务由小组送给国家粮站，该给集体的提留由小组送交给集体，剩下的归小组分配。这是以“大包干到组”为特点的责任制。群众说，“大包干，大包干，既省事，又简单，干部满意，社员喜欢”。到1979年3月底，滁县地区实行“包产到组”、“大包干到组”的生产队已占生产队总数的68.3%。

“双包到组”责任制的推行引起激烈的争论。反对者认为这种责任制不符合“三级所有，队为基础”的原则，是“三级半”所有。1979年3月15日，《人民日报》发表了甘肃省张浩写的一封读者来信，标题是《三级所有，队为基础应当稳定》。来信认为“现在实行三级所有、队为基础的体制，适合当前农村的情况，应当稳定，不能随便变更。轻易地以队为基础退回去，搞分田到组、包产到组，是脱离群众的，是不得人心的，同样会搞乱三级所有、队为基础的体制，搞乱干部群众的思想，挫伤群众积极性，给生产带来危害……”报纸加了编者按，提出要“坚决纠正”。这对“双包到组”后正在忙春耕的皖东农民来说无疑是泼了一瓢冷水，引起了很大的震动。一些对“阶级斗争”、“路线斗争”心有余悸的同志，认为编者按有“来头”，惶恐不安。针对干部群众思想上出现的波动，地委及时向各县发出电话通知，明确指出：“当前正值春耕春播大忙季节，各种形式责任制一律稳定下来，不要变来变去，延误农时。”“各种形式责任制是地委同意试验的，如果错了，完全由地委负责。”

正当皖东干部群众经受重大压力的时候，万里于3月16日来到滁县地区。在全椒县古河区听取汇报后，他说：“作为报纸，发表各种不同意见都是可以的，别人写读者来信，你们也可以写读者来信”。“这好比公共汽车一样，你可以打票上车，我也可以打票上车”。“究竟什么意见符合人民的根本利益和长远利益，靠实践来检验，决不能读了一封读者来信和编者按，就打退堂鼓”。“产量上不去，农民秋后饿肚子，是找你们县委还是找报社？报社是不会管饭的。”“三级半有什么不好？这是核算嘛，四级核算也可以，家庭也要讲核算，那不是五级核算了吗？”他还说：“你们地委做得对，及时发通知，已经实行的各种责任制一律不动，只要今年大丰收，增了产，社会财富多了，群众生活改善了，你们的办法明年可以干，后年还可以干，可以一直干下去。”“凡是能增产，对国家贡献多，集体经济壮大，群众收入增加，生活得到改善，就是好办法。”

小岗生产队首创“大包干”

1979年，随着“包产到组”的发展，也出现了一部分生产队暗中搞了“包产到户”。这其中，凤阳县小岗生产队首创了“大包干到户”的联产承包责任制。“包产到户”过去曾多次出现过，20世纪50年代合作化高潮时出现过，后来三年困难时期也曾出现过，这是大家都比较熟悉的。“大包干到户”则完全不同，它是第一次在中国大地上出现的新生事物，是农民的伟大创造。“包产到户”和“大包干到户”的区别究竟是什么？它的区别主要在于：“包产到户”是农民承包土地后，实行“承包产量，以产计工，增产奖励，减产赔偿”的办法，农户生产的粮食等，最后要全部交给生产队，由生产队上缴国家征购任务，留下集体提留，再按各户上缴的产品计算出工分，然后

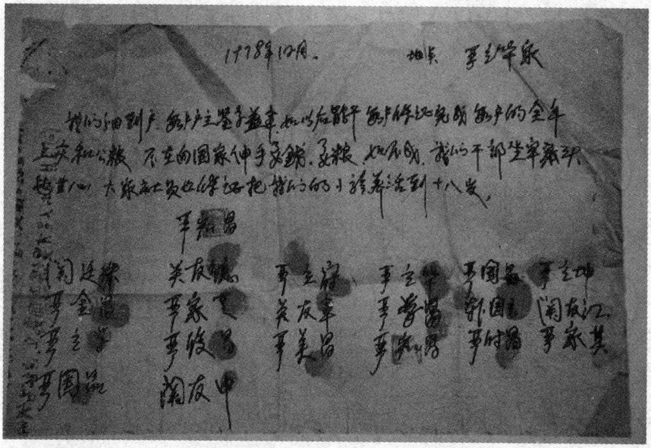
1978年12月 地点 严立华家

我们分田到户，每户户主签字盖章，如以后能干，每户保证完成每户的全年上交和公粮，不在向国家伸手要钱、要粮。如不成，我们干部坐牢杀头也甘心，大家社员也保证把我们的小孩养活到十八岁。

小岗生产队20户农家摁了手印的承包“生死状”

“责任明确、利益直接、方法简单，群众放心”，农民特别拥护。“大包干”联产承包制实现了农村土地的两权分离，土地所有权仍归集体所有，而农民通过承包则取得了对土地的使用权，即经营权，农民成了相对独立的商品生产者和经营者，形成了统一经营和分散经营相结合的双层经营体制，集体和农户的权利和义务通过承包合同来实现，既能保证国家的税收、征购和集体提留任务的完成，又使农民取得了生产自主权和产品支配权，有利于调动农民的生产积极性，促进生产力的发展。所以说，这是中国农民的一个伟大创造，是“大包干”之所以能够在全国很快普及开来的关键所在，也是人们所说的“凤阳之路”的核心。

1979年实践的结果，小岗生产

按工分实行统一分配。这种办法不仅手续繁琐，由于在分配的过程中往往出现“一平二调”和干部存在某些不正之风等现象，群众是很不放心的，实际上农民对产品没有支配权。而“大包干”承包制则不同，农户承包集体的土地后，由生产队同农户签订合同，农户按合同上缴国家的征购任务，交足集体的提留，剩下的都是自己的，奖赔就在其中了。用农民的话来说：“大包干、大包干，直来直去不拐弯，完成国家的，交足集体的，剩多剩少全都是自己的”，农民取得了对农产品的实际支配权。所以说这种办法队粮食产量6.5万多公斤，比1978年增长6倍，18户农民有12户超过万斤粮；油料产量超过合作化以来20年的总和；社员收入比1978年增长6倍。从1957年起23年来，第一次向国家交售粮食和油料任务，分别超额6倍和80倍。

地委对小岗生产队的调查和剖析，对包产到户的性质、作用统一了认识，形成了共识，当时曾批准他们继续试验，再干三年。在1980年初省委召开的全省农村工作会议上，我作了《顺应民心，积极引导》的发言，并要求给"大包干"报个户口，承认它也是社会主义的一种生产责任制形式。我认为劳动者的积极性高与低，是检验生产关系是否适应生产力发展的根本标志，实践证明"大包干"到户责任制就是让农民穿上了"合脚鞋"，因而中国的农业才能跨大步。万里在会议总结时指出，"包产到户不是我们提出来的，问题是已经有了，孩子已经生下来了，他妈妈挺高兴，哎呀，可解决大问题了，你不给他报户口，行吗？那天王郁昭同志说了，孩子挺好的，给报个户口吧，承认它也是责任制的一种形式……那根本不是资本主义，包产到户不等于单干，单干不等于资本主义，没有什么可怕的。"省委终于同意给"大包干"责任制报上了户口。但是这个户口还是地方户口，只能在安徽省通行。只有经过中央批准，才能在全国通行。1980年春节前夕，万里第二次来到小岗队，挨家挨户看了一遍，非常高兴。当小岗队的农民说，有人指责小岗队是开倒车时，万里说："地委批准你们干三年，我批准你们干五年，只要能多打粮，对国家多贡献，集体多提留，社员生活能改善，干一辈子也不是开倒车"。老百姓心中一块石头落地了。

关键时刻邓小平讲话了，"大包干"在激烈的争论中开拓前进

1980年春，万里离开安徽，调中央工作，风云突变，围绕"大包干到户"的争论在全省乃至全国展开。

从1980年上半年，省委连续召开了蚌埠、芜湖、巢湖会议和省委常委扩大会议。在这些会上，有的领导同志给“双包到户”扣上了“经济主义”、“机会主义”、“工团主义”等大帽子，说列宁在同第二国际斗争时，批判伯恩斯坦、考茨基等机会主义者只顾眼前利益，主张“运动就是一切，主义是微不足道的”，是“为了一个戈比而斗争”。“包产到户”不是方向，县以上领导干部头脑要清醒，不能只顾眼前利益，犯机会主义即修正主义的错误。特别是反对“大包干”到户，说它是“两包一脚踢”，农民没有“小辫子”在我们手中，甚至威胁说，迟早有一天要算他们的总账。

在上述三次会议的影响下，全省农村改革的形势急转直下，搞得人心惶惶，有的县急急忙忙下禁令，不许搞“包产到户”，搞了的要限期收回。这时，只有滁县地区坚持不动，滁州实际上成了一个“孤岛”，承受着巨大的压力。

就在这个关键时刻，在巢湖会议上省委领导给我看了邓小平同志《关于农村政策问题》的内部谈话，谈话旗帜鲜明地支持肥西县的“包产到户”和凤阳的“大包干”，他说：“安徽肥西县绝大多数生产队搞了包产到户，增产幅度很大，凤阳花鼓中唱的那个凤阳县，绝大多数生产队搞了‘大包干’，也是一年翻身，改变了面貌”。这个谈话，在我国农业面向何处去的关键时刻，拨开了迷雾，指明了方向。我回到地区后，迅速向各县委书记作了传达。在邓小平同志谈话精神指引下，滁县地区的大包干责任制迅猛发展，继续破浪前进！

虽然小平同志的谈话，满腔热情支持了“双包到户”，但斗争并未结束。

1980年8月份在省委召开的常委扩大会议上，由于受蚌埠、芜湖、巢湖会议的影响，除滁县地区、六安地区外，会议基本上是“一边倒”，形成了对“双包到户”的围攻之势。在这种情况下，我被迫不得不站出来讲话，我首先强调：(1)“双包到户”关键是一个“包”字，它可以充分调动农民群众的积

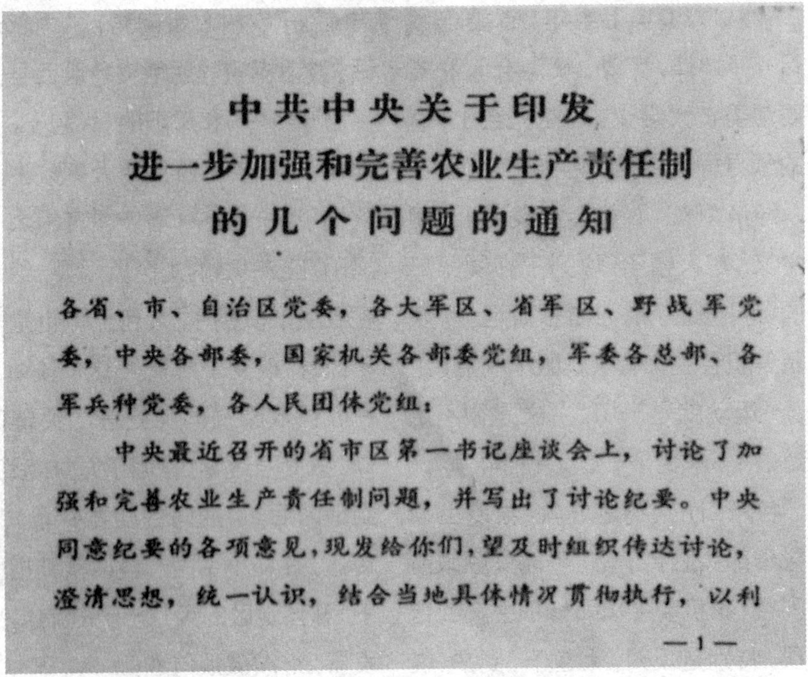

中共中央关于印发
进一步加强和完善农业生产责任制
的几个问题的通知

各省、市、自治区党委，各大军区、省军区、野战军党委，中央各部委，国家机关各部委党组，军委各总部、各军兵种党委，各人民团体党组：

中央最近召开的省市区第一书记座谈会上，讨论了加强和完善农业生产责任制问题，并写出了讨论纪要。中央同意纪要的各项意见，现发给你们，望及时组织传达讨论，澄清思想，统一认识，结合当地具体情况贯彻执行，以利

—1—

中共中央下发的《关于进一步加强和完善农业生产责任制的几个问题的通知》

极性；(2)劳动者积极性高与低，是检验生产关系是否适应生产力发展水平的根本标志；(3)“包产到户”不是单干，是集体经济在管理体制上的新突破。接着我列举了来安、定远、凤阳等县实地调查的数字，说明增产最高的是“双包到户”，次之是“双包到组”，增产不多、平产或减产的，是坚持“大呼隆”生产的生产队。结论是“队不如组，组不如户”。我恳切要求，由于滁县地区“双包到户”的面较大，而且还在发展，实践证明是能够增产的，希望能得到上级领导的支持，继续完善提高。如果上级领导不同意，那就请上级正式发个文件，进行纠正，我作为共产党员、作为下级，服从就是了。不要像现在这样，今天这里批，明天那里批，施加压力，搞得人心惶惶，整天提心吊胆。我已准备被撤职，但问心无愧，对得起党，对得起老百姓。

当时会场气氛紧张，由于分歧很大，最后省委书记顾卓新建议把小平那篇谈话念了一遍，作为会议的总结。

1980年9月27日，中共中央印发了《关于进一步加强和完善农业生产责任制的几个问题的通知》，接着中共中央连续五年每年的1月1日都发一个有关农业和农村问题的文件（即中央一号文件），正式给“双包到户”报上了“户口”，明确“双包到户”是社会主义性质的一种生产责任制。因而“双包到户”迅速在全国普及开来。到1983年全国“大包干到户”的生产队达到了95%以上，家庭联产承包责任制成为我国农村生产责任制的主要形式。1991年，党的十三届八中全会通过了《中共中央进一步加强农业和农村工作的决定》，高度评价了家庭联产承包制，强调“作为我国农村集体经济组织一项基本制度长期稳定下来，并不断充实完善”。1993年3月，全国人大正式通过决议，把家庭联产承包制正式载入我国宪法。

（摘自《中国农村改革决策纪事》，中央文献出版社1999年版）

为天安门事件平反的消息是怎样发出的？ /王强

1978年11月15日中午，正在北京京西宾馆参加中央工作会议的于光远回到房间，刚准备睡午觉，突然接到胡绩伟的电话。胡绩伟在电话中说，“有事要商量”，让他立刻上楼到杨西光的房间去。

于光远上楼后，看到胡绩伟、杨西光、曾涛都在。胡绩伟是《人

1976年4月，在四五运动中，首都人民愤怒声讨“四人帮”

民日报》总编辑，曾是新华社社长，杨西光是《光明日报》总编辑，都是中央工作会议上新闻界的重量级人物。

他们告诉于光远，当天的《北京日报》发表了北京市委扩大会议闭幕的消息。他们想把其中有关天安门事件那一段摘出来，单独发一条消息。兹事体大，希望听听于光远的意见。

1976年清明节前后，人们聚集到天安门广场，悼念周总理，拥护邓小平，反对“四人帮”。中共中央政治局和毛泽东把这个群众运动判定为“反革命事件”。

1976年4月7日，邓小平被撤销党内外一切职务。第二天，《人民日报》刊登文章说，一小撮阶级敌人“公开打出拥护邓小平的旗号，丧心病狂地把矛头指向伟大领袖毛主席，分裂以毛主席为首的党中央，妄图扭转当前批邓和反击右倾翻案风斗争的大方向，进行反革命活动”。处于与外界隔绝状态的邓小平被指为天安门事件的总后台。

于光远把桌上放的那张《北京日报》看了一下，特别仔细地看了其中他们画了道道的有关天安门事件的那几行。

于光远当时是国务院研究室负责人，各种信息了然于胸。他注意到，北京市委的那几句话虽然没有写明天安门事件的性质如何如何，实质上是为事件平了反。这等于把华国锋在1977年3月中央工作会议上坚持的天安门事件是反革命事件的说法翻了过来。

经过反复斟酌，于光远投了一张赞成票。

常委扩大会上的一张小纸条

1978年10月到11月，北京市委常委扩大会议在宣武饭店召开。会议主要议题是，加快清查步伐，进行工作重点转移。当时，市委书记林乎加刚刚上任，会议由第三书记贾庭三主持。

会议期间，有人提出，应给天安门事件平反。北京市委在会议作总结报告时，对这一问题表了态，不过，方式有些特别。

新华社北京分社社长周鸿书参加了这个会。据周鸿书回忆，在为会议作总结的会上，贾庭三讲话，每个代表都发了一份铅印的报告稿。讲到后来，贾庭三离开讲稿，从旁边拿出一张小纸条，念了一段关于天安门事件的话。

贾庭三念的小纸条的内容，就是后来《北京日报》发表的会议报道中关于天安门事件的说法。

“1976年清明节，广大群众到‘天安门广场’悼念我们敬爱的周总理，完全是出于对周总理的无限爱戴、无限怀念和深切悼念的心情，完全是出于对‘四人帮’祸国殃民滔天罪行的深切痛恨，它反映了全国人民的心愿，完全是革命行动，对于因此而受到迫害的同志一律平反，恢复名誉。”

这段话虽然没有出现“天安门事件”5个字，但3个“完全”的连续运用，实质上是否定1976年4月天安门广场的行动是反革命事件。之所以不提“天安门事件”5个字，是因为有顾虑。

于光远曾在回忆录中分析了

北京市委的这种顾虑：北京市委“那时还不敢在中央未作出决定前明白地反对1977年华国锋讲话中的提法，而是顺着华讲话中说群众到天安门广场悼念周总理‘是合乎情理的’那句话的方向，把广大群众的行动确定为完全是革命的行动”。于光远“估量北京市委这么做是经过华同意的”。

林乎加的回忆证实了于光远的“估量”。林乎加说，“大约11月12日，我和贾庭三同志给华国锋及几位副主席写了报告，说，‘天安门事件’在吴德同志主持工作时，就已经准备平反，现在会上又提到这个要求，我们是支持的，并附上我们的报告稿和报道稿。中央批准了。”

11月15日，《北京日报》刊登了北京市委常委扩大会议的报道，关于天安门事件的那段话，也在这个4000字左右的报道里面。

就在北京市委常委扩大会议闭幕的前一天，11月10日，中央工作会议开幕。林乎加、贾庭三参加了会议。

敏感的新华社记者

按照惯例，新华社北京分社列席北京市委常委会。参加会议的周鸿书听了贾庭三念的小纸条的内容后，敏感地意识到其中蕴藏的重要新闻价值。

于是，一散会，周鸿书就跑到新华社总社去找国内部副主任冯健。冯健不在，又去找国内部主任杜导正。

“我把这个情况给老杜谈了，说能不能单独发表一段。老杜看了稿子后，非常支持我的提议。他表示，争取一下试试。”周鸿书说。

回到分社，周鸿书在起草会议的新华社通稿时，又多了一层考虑。他想，虽然杜导正支持单发，但还要经过北京市委同意才行。一旦北京市委不同意单发，那这段话就发不出来了。

于是，周鸿书决定，还是写一个北京市委扩大会议的消息，把贾庭三的这段话埋在稿子里，而没有单独写一条。但他想在稿子送审时，争取北京市委同意单发。

中央工作会议召开期间，中央政治局常委批准，中共北京市委宣布天安门事件完全是革命行动。图为北京市民在天安门前集会，拥护北京市委的平反决定

11月14日晚，周鸿书把稿子送给时任北京市副市长毛联珏审查时写了这样一段话，大意是：送上此稿，请您审定。此稿总社有关领导看过。关于天安门事件那一段，建议拿出来单发，要否？请您审定。

夜里11点左右，毛联珏打来电话，说，"老周，你的稿子我看过了。如果就照这样来发，我这里通过了。关于'天安门事件'那一段单发，我定不了，这得请示林乎加同志。"但他沉了一下又说："恐怕林乎加同志也定不了。"

于是，周鸿书给总社打电话，通知照大稿子发，又给杜导正打电话，说了毛联珏的态度。杜导正沉吟了一会儿说：那就算了吧。

第二天，周鸿书密切关注着这条消息的媒体落地情况。听新闻联播，没有他写的消息。翻阅报纸，也没有。只有《北京日报》透露了这个消息。

周鸿书感到奇怪，新华社总

社为什么没发消息?

通稿怎么发

周鸿书的奇怪很正常。因为按照惯例，北京市委开会的消息，新华社应该在当晚发出电讯稿，以便第二天媒体采用。但这一次新华社没有这么做，原来，对于如何报道天安门事件平反的问题，新华社总社领导还没拿定主意。

杜导正曾回忆过当年那则新华社电讯稿的发出情况。杜导正看了周鸿书的稿子后，觉得关于天安门事件的内容非常重要，但淹没在长长的报道里，不突出。于是，杜导正就和国内部的几个副主任商量，能否就这一段单发一个电讯稿。事涉重大，国内部将稿子送给当时的新华社副社长兼总编辑穆青审定。穆青表示支持，但说，还要和一把手曾涛商量后再做决定。当晚，穆青与在京西宾馆开中央工作会议的曾涛通了电话。

15日，周鸿书接到总社电话，要他立刻回总社开会，研究发表北京市委常委扩大会议的消息。电话还说，曾涛从京西宾馆打来电话，说这个消息要突出天安门事件。

周鸿书立刻赶到新华社总社，杜导正以及国内部的几个副主任都在。大家讨论来讨论去，商量出两个方案：一个方案是按照原来周鸿书的稿子发，但在导语里突出天安门事件的平反；另一个方案是把贾庭三的那段话单发，但大家担心通不过审查。

周鸿书出了一个"馊主意"。他说，"今天的《北京日报》已经登了会议的报道，里面有关于'天安门事件'的那一段。我们是否可以从报纸里把这一段抽出来单发。既单发，还不用送审。大家都觉得这个主意不错。"

最后，杜导正拍板：做两个方案，一个摘出来单发，一个放在导语里，最后送给穆青审定。

由于周鸿书比较熟悉情况，后来，单发的稿子就由周鸿书执笔。

根据穆青回忆，标题是再三斟酌的。国内部曾经定了一个长标题，确切但不醒目。后来，经过大家反复讨论，标题改为《中共北京市委宣布"天安门事件完全是革命行动"》。此后，穆青和曾涛又通了十几次电话，一直折腾到晚上，才把题目最后定下来。

这天午饭过后，正在京西宾馆参加中央工作会议的曾涛，就新华社电讯稿的事，征求了杨西光、胡绩伟、于光远的意见。

要不要请示中央

在此期间，曾涛还征求过林乎加的意见。据林乎加回忆，在中央工作会议上，曾涛征求他的意见时说，想把天安门事件单独发电讯稿，问行不行？林乎加回答说，"我们的讲话是经中央批准的，你们怎么发，是不是要请示，是你们的事情，我没有权力干涉"。

与此同时，曾涛和穆青之间，就是否请示中央这个问题，电话往来不断。他俩商量的结果是，不能请示，一请示就等于给否了。

据穆青回忆，曾涛当时给他透了个底。在这次中央工作会议上，陈云放了炮，提出应该为天安门事件平反。很多老同志都支持，呼声很高。这样，曾涛和穆青才下了决心。

穆青还透露一个有趣的细节。晚上7点临发稿前，曾涛又打电话给他，说："怎么样，穆青？下决心就这么发好不好。"穆青答："好啊，我们大家都同意这么发。"曾涛像是开玩笑地说："如果这篇稿子出了问题要坐牢，你可得陪我一块去。"穆青说："行，我跟你一块去。"

11月16日，《人民日报》、《光明日报》都在头版头条刊出了新华社通稿《中共北京市委宣布"天安门事件完全是革命行动"》。

后来，林乎加给曾涛打了电话，问标题是怎么加上去的。当时曾涛没有正面回答，而是反问道："这条新闻中报道北京市委会议的话与事实有无出入？"林乎加说："没有"，曾涛就说："加标题发稿是我们新华社的惯例，这事由我们负责，你不必管了。"

新华社电讯稿发出以后，大家一直关心着华国锋的反应。18日，华国锋为人民文学出版社出版的《天安门诗抄》题词。于光远撰文记述了这天晚上，他和曾涛通的一个电话。曾涛给于光远打来电话，说："现在好了，华国锋转变了，今天他为童怀周的《天安门诗抄》题写了书名。"在电话里，于光远向曾涛道喜，说："这下你安全着陆了！"两人在电话里笑了一阵子。

11月25日，华国锋在中央工作会议上宣布了九条决定。第一条就是"关于'天安门事件'问题"。他说："中央认为，'天安门事件'完全是革命的群众运动。""对于因悼念周总理、反对'四人帮'而受到迫害的同志一律平反、恢复名誉。"

至此，天安门事件获得彻底平反。

邓小平领导我们抓改革开放 /谷牧

"大政策"的提出

作为第一代中央领导集体的重要成员，在20世纪五六十年代，小平同志就很注重国内建设与世界经济的联系，在毛泽东主席、周恩来总理的领导下，为发展我国对外经济交往进行艰苦开拓。他曾力主从国外引进化纤生产技术装备，来解决广大人民群众的穿衣问题。"文化大革命"后期，他复出工作，围绕着所谓"风庆轮事件"，对"四人帮"乱扣"卖国主义"、"洋奴哲学"帽子的倒行逆施，进行了坚决斗争。1975年，他主持中央、国务

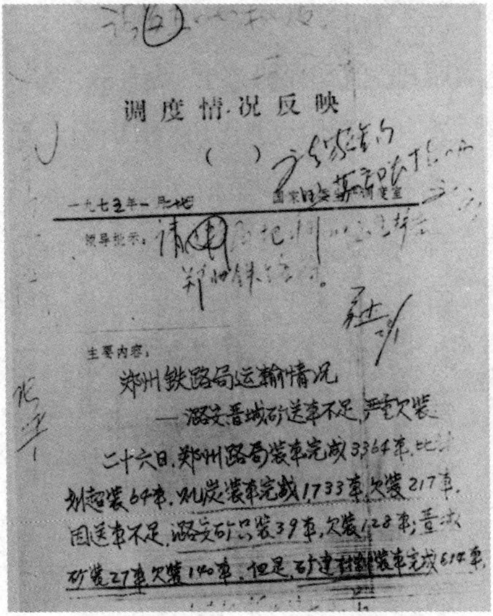
调度情况反映
（ ）
一九七五年一月廿七
领导批示：
主要内容：
郑州铁路局运输情况
——潞安晋城矿送车不足，严重欠装
二十六日，郑州路局装车完成3364车，比计划超装64车，从炭装车完成1733车，欠装217车，因送车不足，潞安矿只装39车，欠装128车，晋城矿装27车欠装140车，但是，矿建材料装车完成617车，

1975年2月25日至3月8日，中共中央召开各省工业书记会议，解决铁路运输问题。图为当时国家计委关于反映郑州铁路局存在严重问题的报告

院的日常工作期间，更加明确地提出要把扩大进出口、引进先进技术作为一项大政策。这桩事是从“整顿”发展而来的。

那年年初，小平同志一上手，就以伟大无产阶级革命家的胆略和才能，针对“文革”造成的经济建设和社会秩序的严重混乱，陆续对各方面的工作大张旗鼓进行整顿。整顿，实际上是对“文革”的抵制和纠正，而且其斗争矛头直指“四人帮”的反革命破坏。整顿先从国民经济大动脉——铁路运输开始。记得是在2月中旬，四届全国人大产生的国务院的一次常务会议上，我们一些人先到，主持会议的小平同志进来，边走边愤慨地说，铁路问题太严重，不抓不行了。他坐下后，大家便纷纷反映徐州等几个铁路局严重阻塞，影响津浦、京广几条大干线运输的紧迫情况。经过一番讨论，小平同志拍板：立即进行整顿，迅速扭转局面，为把国民经济搞上去创造条件。我当时负责分管工业交通，被指定组织起草文件，准备召开会议，进行部署。由此，我在小平同志的直接领导下，先后抓了铁路、钢铁、煤炭等工交部门的整顿。

整顿一抓，很见成效（“整顿”是另外一篇大文章，本文不能更多涉及）。到了6月中旬，铁路做到“四通八达，安全正点”，钢铁生产达到完成年计划要求的日产水平。这时，根据小平同志的指示，由李先念同志召开国务院计划工作务虚会，总结整顿工作经验，系统研究实现四个现代化的方针、政策和重要措施。我被指定组织国家计委综合讨论意见，起草题为《关于加快工业发展的若干问题》的文件。边讨论，边撰写，到8月中旬，拿出一份草稿。共有14条，包括以实现四个现代化为工作总纲；加强党的领导；反对资产阶级派性；重申全心全意依靠工人阶级，认真落实党的各项政策；健全规章制度，加强生产指挥调度；以农业为基础，把农业放在第一位；积极挖潜、革新，加强企业技术改造；基本建设分清轻重缓急，打歼灭战；坚持按劳分配，改善职工生活等。这份草稿突出纠“左”治乱的主题精神，尖锐地写道：“资产阶级派性活动头头争权夺利，搞山头、搞分裂、破坏革命、破坏生产，把党的好干部、把先进模范人物和先进集体打下去”，“闹得企业不得安宁，地方不得安宁，党不得安宁”，“要坚决向资产阶级派性作斗争，针锋相对，寸步不让”。小平同志很关心此事，多次听取汇报，并审阅了这份草稿，基本肯定了它的内容。8月18日，他作了许多重要指示，其中就有：要扩大进出口，积极引进新技术、新设备，争取多出口一点东西，换点高、精、尖的技术和设备回来。加速工业技术改造，提高劳动生产率。他强调说这是一项大政策。这一重要意见，在今天看来当然顺理成章，不言而喻，而在当时历史条件下，没有大无畏的革命精神和纵览全局的战略眼光是难以提出的。

……

“关起门搞建设是不行的”

粉碎“四人帮”后的翌年夏季，小平同志在万众翘首企盼中，重新走上党和国家的重要领导岗位。他面对10年“文革”浩劫造成的严重局势，在千头万绪中从端正思想路线入手，进行拨乱反正，反对“两个凡是”，致力于把全党全国的工作中心由“以阶级斗争为纲”转向经济建设，由因循成规转向改革，由封闭半封闭转向开放。

对于那些一时未能实施的“大

政策”，小平同志旧话新提，作“大文章”。他广泛深入地向各方面的干部和专家学者、党外爱国民主人士宣讲：现在的世界是开放的世界；中国吃了闭关自守的苦头；建国以后主要是帝国主义封锁我们，但60年代也有我们自己孤立自己的问题；关起门来搞建设不能成功，现在“有了比过去好得多的条件，使我们能够吸收国际先进技术和经营管理经验，吸收他们的资金”。

为了借鉴国外经验，加速社会主义现代化建设，1978年5月，党中央、国务院决定让我带领一个包括6位省部级干部组成的代表团，出访法国、西德、瑞士、丹麦、比利时。这是新中国成立以后，首次向发达资本主义国家派出的国家级政府经济代表团。小平同志十分重视这件事。出访前，他专门在北京饭店听取我们出访的汇报，指示我们：要“广泛接触，详细调查，深入研究些问题”。当时我理解，小平同志对于实行开放，学习国外的先进经验，引进国外的先进技术和设备，发展对外经济合作，决心已经下定，他正在思索和考虑的不是“要不要开放”，而是“怎么搞对外开放”。我深感这次带团出国考察责任重大，因此出去之后一直“马不停蹄”，从5月2日到6月6日1个多月内走了上述5国的15个城市，会见有关政界人士和企业家，参观了许多工厂、农场、城市设施、港口码头、市场、学校、科研单位和居民区，尽量多收集资料信息，多思考研究问题。

回国后，6月下旬中央政治局同志专门开会听我的汇报。我着重讲了三点：两次世界大战后，西欧发达国家的经济确有很大发展，尤其是科技日新月异，我们已经落后很多，它们在社会化大生产的组织管理方面也有许多值得借鉴的经验；二、它们的资金、商品、技术要找市场，都看好与中国发展关系；三、国际经济运作中有许多通行的办法，包括补偿贸易、生产合作、吸收国外投资等，我们可以研究采用。我发言过后，展开了热烈讨论。叶帅、聂帅和先念同志都说，外边的情况，谷牧这次出去看清楚了，讲明白了，该是下决心采取措施实行的时候了。

这次汇报后，小平同志找我去谈话。我向小平同志汇报了出访情况，他讲了一番话，中心意思是：一、引进这件事要做；二、下决心向国外借点钱搞建设；三、要尽快争取时间。

根据中央政治局和小平同志的指示，7月上旬，国务院召开了由有关部委负责同志参加的关于四化建设的务虚会，我在会上报告了考察西欧5国的情况，并敞开思想讲了我的想法和意见。这次务虚会持续了两个月。会上，大家畅所欲言，认真总结新中国近30年的经验教训，研究国外成功经验，就如何正确运用价值规律、改革经济体制、坚持按劳分配、发展农村多种经营等问题，特别对如何加强技术引进、扩大外贸出口、采取灵活方式利用国外资金等问题，深入进行讨论，提出了许多好的意见。务虚会后，党中央、国务院对这些意见又多次进行讨论，最后体现到了党的十一届三中全会作出的以经济建设为中心，进行改革开放，加速社会主义现代化建设的伟大战略决策中。对外开放这项基本国策由此被郑重确立。

“还是办特区好”

如何具体实施这项基本国策，从哪里起步，这在当时还很是个问题。不仅因为我们国家地域大，发展不平衡，情况各不相同，而且因为人们的认识和管理体制上也存在着要加以逐步解决的问题。是小平同志倡议举办经济特区，使我国的对外开放迈出了突破性的第一步。

十一届三中全会开过以后，人们解放思想，冲破长期以来经济工作中“左”的思想和旧框框的束缚，把眼光投向世界，认真观察和分析国外经济发展，深入研究加速我国现代化经济建设问题。当时世界上有80多个国家和地区设立了500多个出口加工区、自由贸易区、自由港，有效地开展对外经济贸易和技术交流。这种经验启示人们思

深圳蛇口工业区的建设者点燃开山炮

考：我国沿海某些地区，是否可以借鉴采用。广东省委和省政府根据本省邻近港澳，商品经济比较活跃，对外经济交往历史悠久，祖居于粤的海外的华侨和华人为数众多等特点，对举办出口加工区的可行性进行了反复讨论和论证，并在领导层中形成了一致意见。

1979年4月，在中央召开的专门讨论经济建设的工作会议上，广东省委主要领导同志向小平同志汇报时提出：希望中央下放若干权力，让广东在对外经济活动中有较多的自主权和机动余地，允许在毗邻港澳的深圳和珠海以及属于重要侨乡的汕头举办出口加工区。小平同志十分赞同这一设想。他说：还是叫特区好，陕甘宁开始就叫特区嘛！中央没有钱，可以给些政策，你们自己去搞，杀出一条血路来。他向中央倡议批准广东的这一要求。党中央、国务院根据小平同志的意见，责成广东、福建两省进一步组织论证，提出实施方案，并要我同他们具体研究，把此事抓紧抓好。

从1979年5月11日到6月5日，我带领由国务院进出口领导小组办公室、国家计委、外贸部、财政部、国家建委、物资部等部门同志组成的工作组，到广东、福建进行调查研究，与当地同志一道，分别就两省经济发展的条件和规划设想进行调查和讨论。经过反复研究，理出了这样一个思路：粤、闽两省要把潜在的经济优势发挥出来，必须对经济体制进行改革，改变过分集中的计划经济体制，调动地方的积极性。据此拟订了如下几项重要措施：一、在中央领导下实行经济计划以省为主来安排和实施，省内的企事业单位除铁路、邮电、银行、民航、国防军工以外，全部下放给省管理；二、在对外经济贸易方面，授予两省较多的机动权；三、财政实行大包干，把新增的收益较多地留给地方，增强地方自筹建设资金的能力；四、在深圳、珠海、汕头、厦门举办出口特区（翌年改名为"经济特区"），吸收外商投资，发展出口商品生产。在讨论研究的过程中，帮助他们起草了向中央的请示报告。

6月中下旬，中央、国务院就我的汇报和两省的报告进行了讨论，于7月15日以中发[1979]50号文件批转了广东、福建的报告，决定广东、福建两省实行"特殊政策、灵活措施"，批准举办深圳、珠海、汕头、厦门4个经济特区。

这项重大举措的出台，显著提高了人们的开放意识，启动了通过改革实行开放的进程。在中央发出50号文件的7月，第五届全国人民代表大会第二次会议通过《中外合资经营企业法》，这是根据小平同志指示，经过深入调研，用了近半年时间制订的第一部利用外商投资的法律。据此，当年批准了兴办6家中外合资企业。9月，我奉命访日商谈借用"日本海外协力基金"。经过一番交涉，年底签订了第一笔为数500亿日元的贷款的协议，从而打破了"不用西方国家政府贷款"的禁锢。利用外资、侨资兴建旅游饭店，发展国际旅游事业的问题也接着提上了日程。外贸体制改革，也由广东、福建两省自营若干商品进出口业务开始起步，还同一些国家签订了海上石油合作勘探开发的风险合同。对外开放由充分的议论决策，进入了在许多方面组织实施的阶段。

“不是收，而是放”

正如小平同志后来所讲：对于改革开放，一开始就有不同意见，尤其对兴办经济特区。社会主义国家兴办主要是同资本主义国家发展经贸关系的经济特区，马列主义的著作中没有讲过，其他社会主义国家无此先例。它是一项重要的创举和试验。因之，一些人对此心存疑虑，多有非议之词。比如“特区是国际资产阶级的‘飞地’”，“香港市场上‘水货’之源”，“走私的主要通道”，甚至比拟为“旧中国上海的‘租界’”，如此等等。所有这些，给特区创办工作增加了困难，建设发展步履维艰。我是分管经济特区和对外开放工作的，深感压力不小。特别是1982年上半年，很有些“秋风萧瑟”的味道。经过一再深入思考，我认为，实行对外开放已经被列为现代化建设的基本战略决策；办特区是小平同志倡议，中央决定，全国人大常委会立法，国务院明令组织实施的大事。这些都没有变，更没有哪位中央主要领导说事情办错了。中国饱受帝国主义的侵略，人们对于同资本主义打交道存有戒心；我们党有着长期“左”的影响，对特区和开放有疑虑和非议，这是可以理解的。但许多议论不符合实际。比如旧中国上海租界的产生，主要是清政府的腐败无能。我仍然要执行中央委托的任务，把兴办特区和对外开放推向前进。

本着这种精神，1982年第二、三季度，我花了较大功夫对经济特区问题进行调研，到广东、福建实地考察，在北京召集有关干部和专家座谈，而后向中央报送《关于兴办特区工作的汇报提纲》。11月中旬，中央书记处和国务院进行了多次讨论，12月下旬以中发[1982]50号文件批发了根据《汇报提纲》整理的《当前试办经济特区工作中若干问题的纪要》，重申举办经济特区的重要意义，强调办经济特区，是我国在新的历史时期贯彻实行改革开放的一项重要措施，要"力求使特区办好"。

1983年4月，我受国务院委托，同广东省、海南行政区和有关部门共同调研，报请中央、国务院批发了《加快海南岛开发建设问题讨论纪要》，规定海南岛比照实行特区的政策，以对外开放促进岛内开发，要求海南行政区结合实际，改革体制，发展联合，把经济搞上去。11月，我又前往广东珠江三角洲地区，总结那里实行中央赋予的特殊政策、灵活措施，改革经济管理工作，加强对外经济合作，使地区生产建设面貌迅速改观的经验。我写了一份报告，中央领导同志很表赞同，并予以转发。

在对外开放艰苦行进之时，小平同志亲自出马了。1984年1月22日到2月16日，他先后视察广州、深圳、珠海、厦门和上海。到广州，他就说，兴办特区是我倡议的，现在来看看办得怎么样了。众所周知，小平同志此行，通过对深圳、珠海、厦门3个特区的题词，充分肯定了兴办经济特区的决策和实践，并对其进一步发展提出了明确要求。他回到北京后，就对中央、国务院领导同志发表重要谈话，明确指出："我们建立经济特区，实行开放政策，有个指导思想要明确，就是不是收，而是放"。"除现在的特区之外，可以考虑再开放几个港口城市，如大连、青岛。这些地方不叫特区，但可以实行特区的某些政策"。

党中央、国务院按照小平同志的意见，于3月下旬召开了沿海部分城市座谈会，决定开放上海、天津、大连、秦皇岛、青岛、烟台、连云港、南通、宁波、温州、福州、广州、湛江、北海这14个沿海港口工业城市。小平同志接见这个座谈会的到会同志时，对我一再叮嘱：搞好对外开放关键是要用明白人，要下功夫训练干部。5月4日，中央、国务院批发了这次沿海部分城市座谈会的《纪要》，中央批示明确指出：开放沿海港口城市和办好经济特区，"主要是给政策"，一是给前来投资和提供先进技术的外商以优惠待遇；二是扩大沿海港口城市的经济管理自主权。"这样做，实际上是对我们现行经济管理体制，进行若干重要的改革"。还具体指派我"监督检查执行情况，并协调、仲裁执行中可能出现的矛盾"。

小平同志这次南方视察回京后发表的重要谈话和中央发出的13号文件，意义和作用十分重大。"是放不是收"的指导思想深入人心，给那些有关兴办经济特区是是非非的议论，基本画上了句号，迎来了对外开放的"春天"。让工业较有基础，科教水平较高，对外交通较为方便的沿海14个城市，跨上对外开放的骏马奔向世界，加强了改革经济体制，调整产业结构，推动科技进步以振兴经济的力度。这是我国开放迈出的空前的一大步，对于广泛深入地推动城市经济改革也起了重要作用。我记得，当年10月小平在一个党内高级干部会议上曾风趣地说，他1984年办了两桩大事，一桩是用"一国两制"的办法解决香港问题，另一桩就是开放14个沿海城市。

"再加上闽南'三角洲'"

到了1984年底，根据沿海14个城市开放的进展，党中央、国务院领导同志研究进一步扩展沿海开放地区。即把长江三角洲和珠江三角洲的一些市、县，开辟为沿海经济开放区，比照实行沿海开放城市的政策，以扩大出口贸易为导向，发展工农业生产，繁荣经济。参与酝酿决策的领导同志认为，这两个地区有较好的工业加工技术基础，乡镇企业发达，农业商品率高，实行开放后，加上扩展外贸、利用外资的牵动，将会促进改革，加快经济发展，先行富庶起来，成为沿海开放城市依托的坚强腹地。这样做十分有利可行。从这两个三角洲取得经验后，可在适当时机扩大到北方的胶东半岛和辽东半岛。

在研究此事的过程中，1985年1月4日，应小平同志之召，我前往汇报。我先向他讲了14个沿海城市开放8个多月来的主要进展情况，小平同志听了之后说，看起来大有希望。接着又谈珠江三角洲和长江三角洲的开放问题，他说，这很好嘛！沿海连成一片了。这时，我把在国务院讨论时我提的一项建议，向小平同志作了汇报，即把条件与上述两个三角洲大致差不多的福建南部的厦门、漳州、泉州一带的沿海市、县也列为沿海经济开放区。我说，这既有利于福建的改革开放和经济发展，又有利于加强对台工作。小平同志说：好嘛！再加上闽南"三角洲"！在这次汇报中，小平同志还对培训人才、老企业技术改造、发展对台贸易、宁波要加强海外"宁波帮"工作等问题作了重要指示。

开放珠江、长江三角洲和闽南厦漳泉三角地区这件事，中央、国务院让我组织有关部门和地区拟订具体政策措施，进行部署和贯彻。我于1985年1月14日到16日，先约请有关地区一些熟悉情况、有政策水平和思考能力的同志，开了小型调查会，共同理出了政策构架，向中央书记处和国务院常务会议作了汇报，得到赞同。1月25日至31

谷牧

日，受中央和国务院的委托，我在北京召开珠江、长江三角洲和闽南厦漳泉三角地区座谈会，经过讨论，形成了《会议纪要》。2月18日，中央、国务院以中发[1985]3号文件批发全国。在对外开放进程中，继经济特区、沿海开放城市之后，又产生了沿海经济开放区这个新的开放层次，有59个市、县纳入了这一序列。

从1984年初小平同志建议开放沿海14个城市，到1985年初小平同志支持开辟沿海经济开放区，我国的对外开放在沿海从南到北次第铺开，初步形成从东到西有重点、多层次、梯度推进的格局。这是继兴办经济特区之后第二次推出的重大举措。十几年来的成功实践，对这样做的必要性和正确性，已经作了确凿的证明。

（摘自《回忆邓小平》（上），中央文献出版社1998年版）

陈云在中纪委恢复成立前后／张曙

十一大恢复设置纪律检查委员会

1978年12月，党的十一届三中全会选举产生了由陈云等100人组成的中央纪律检查委员会。12月25日，《人民日报》公布了100名中央纪委委员名单。党的纪律检查工作，可以追溯到1927年4月成立的中央监察委员会。1928年7月，党的六大通过的党章取消了有关监察委员会的条款，增设"审查委员会"一章，用以监督各级党部的财政、会计及各机关的工作。1933年，中共中央决定，在党的监察委员会未正式成立以前，特设立中央党务委员会。

新中国成立后，党的纪律检查工作得到进一步加强。1949年11月，中共中央决定成立中央及各级党的纪律检查委员会，中央副主席朱德兼任中央纪委书记。1955年3月，党的全国代表会议决定成立中央和地方各级监察委员会，代

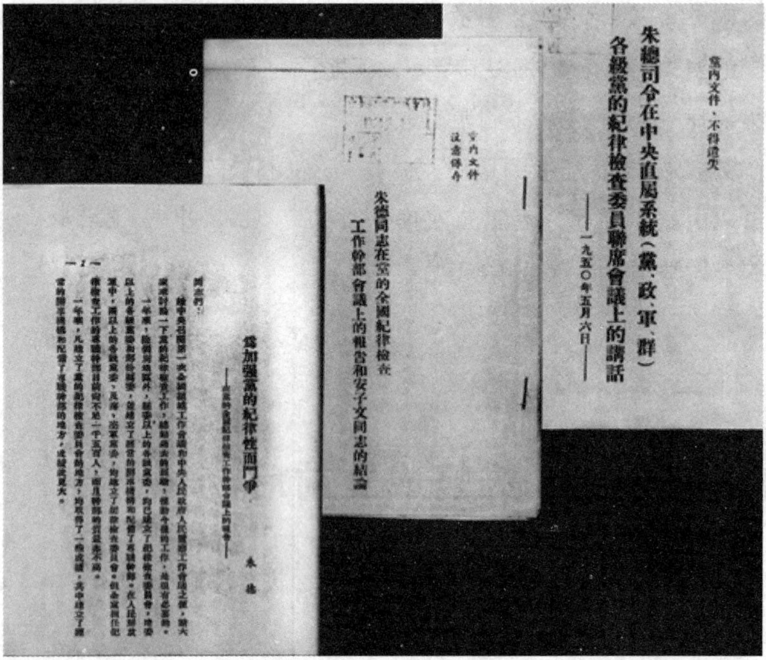

朱德任中纪委书记时的讲话稿

替各级纪律检查委员会，中央政治局委员董必武担任中央监察委员会书记。党的纪检监察机构，虽然不同时期名称不同，职责范围有所变化，但在保证和执行党的纪律方面都发挥过重要作用。如1935年11月，中央成立了以董必武为主任的五人党务委员会，较好地处理了陕北的错误肃反问题。1952年，中共石家庄市委副书记、原天津地委书记刘青山和天津地委书记张子善，因盗窃国家资财肆意挥霍被处决，都起到了极大的震慑作用。

“文革”期间，民主集中制遭到极大破坏，党纪国法形同虚设。维护宪法和法律尊严的主要机构公安、检察、司法等部门，被污蔑为“黑公检法”，被无情砸烂。党的各级纪律检查机构被完全摧毁。中央监察委员会机关152名干部，有80人被诬陷为有各种政治问题，被戴上“叛徒”、“特务”、“走资派”、

“反革命修正主义分子”的帽子。到1969年1月，除留5人和部分办案人员外，其余全部下放到东北农村“五七干校”劳动。1969年4月，党的九大通过的《中国共产党章程》取消了党的监察机关的条款，彻底废止了党的纪律检查工作。上至国家领导人，下至普通百姓，基本权益无法得到保障。饱尝了民主法制被践踏的严重后果，成立党的纪律检查委员会就成为“文革”后全党的共识。1977年8月，十一大通过的党章重新恢复了设置党的纪律检查委员会的条款。

候选人最后确定为100人

中央纪委从十一大提出到十一届三中全会正式成立，经历了较长时间的酝酿过程。

负责考察中央纪委组成人选的是中央组织部。根据中央政治局的指示，中组部做了大量深入细致的工作，在全国范围内考察、提出候选人。

1978年10月25日，中组部就中央纪委组成人员候选人名单第一次向中央提出报告。11月30日，中共中央主席华国锋和副主席叶剑英、邓小平、李先念、汪东兴对中央纪委的组成问题作了指示。中央组织部根据他们的指示，对名单进行了调整。

12月2日，中央组织部就中央纪委组成问题第二次向中央报告。中组部上报的这份中央纪委候选人名单草案共88人，其中，书记、副书记14人，常委17人，委员57人。报告提出中央纪委候选人的条件应具备三条：一是在第十、第十一次路线斗争中表现较好；二是政治历史上没有什么大的问题；三是思想作风较好、党内信得过的同志。中央组织部上报的这份名单，考虑较为周全。在年龄结构上，大多数是党龄较长、年龄较大而仍能工作的同志，也有二十几名年富力强的中年同志，包括同林彪、“四人帮”作过坚决斗争的各条战线和有关部门的同志。在民族构成上，除了汉族外，还有7位少数民族的同志。在性别上，女委员占了10人。考虑到中央纪委过去很多兼职委员由于本部门事情太多，无暇顾及考虑纪委工作，有的甚至连参加中央纪委的会议都很困难，中组部在提供的这份名单中多配了一些专职委员，占委员总数的一半以上。

根据中央指示，这份报告先提请中央政治局常委、政治局委员过目。12月10日，中央政治局常委将这份候选人名单批交中央工作会议，请到会同志分别征求候选人所在单位党组织和干部群众的意见。在广泛征求意见的基础上，12月16日，中央组织部第三次向中央提出报告。经过增补和调整后的候选人名单此时已增加到99人，其中，书记、副书记15人，常委23人，委员61人。女同志增加到12人。

中央政治局在对候选人名单又作了调整后，才提交十一届三中全会审议和选举。此时，候选人又增加了一人，一共100人。其中，书记、副书记15人，常委24人，委员61人。十一届三中全会将全部候选人的名单、简历作为会议文件，印发到每位与会者手中。22日晚，100名候选人全部当选。

这么多老同志进入中纪委还是第一次

当选的100名中央纪委委员中，有许多德高望重的老一辈革命家。第一书记陈云，曾任中共中央副主席、国务院副总理，是以毛泽东为核心的党的第一代中央领导集体的重要成员；十一届三中全会上重新担任中央副主席。

第二书记邓颖超，1925年入党，党的七届中央候补委员，当时任全国人大常委会副委员长，十一届三中全会上被增选为中央政治局委员。

第三书记胡耀邦，1933年入党，党的八届中央委员，1977年底任中央组织部部长，十一届三中全会上被增选为中央政治局委员，随后转任中央秘书长和中央宣传部部长。

常务书记黄克诚，1955年被授予解放军大将军衔，曾任中央书记处书记、中国人民解放军总参谋长，十一届三中全会上被增补为中央委员。

第一副书记王鹤寿，长期在白区工作，有着丰富的党的纪检工作经验，“文革”前曾任中央监察委员会候补委员。副书记中，还有党的七届中央候补委员、新中国成立初期即担任中央纪委副书记的王从吾；1925年入党、新中国成立初期任中共中央妇委第三书记的章蕴；参加过秋收起义、新中国成立后担任过中央组织部常务副部长的张启龙等。

在常委和委员中，还有不少人引人注目。如帅孟奇，“文革”前即为中央监委常委，当时年逾八旬，到正式选举时，所谓的“叛徒”问题尚未正式改正；多吉才让，时年39岁，任西藏自治区党委常委、日喀则地委第一书记；李之琏，中央宣传部原秘书长，被错划为“右派”二十多年，确定改正但尚未最后正式改正。这批诞生于特殊历史时期、肩负历史重任的中央纪委委员，都各有一段不平凡的经历。

陈云力荐胡耀邦、王鹤寿

陈云担任恢复成立后的中央纪委第一书记，可以说是众望所归。曾经在陈云领导下工作过的宋平说，陈云同志在党内可以说是遵守纪律的模范。他很严，该开除的毫不含糊，犯了错误，该怎么处分就怎么处分。跟随陈云13年的秘书周太和说，有事情敢负责任，不犹豫，不推诿，更不顾及个人得失，这是陈云同志崇高党性的表现。

历史上，陈云就与党的纪律检查工作结下了不解之缘。1933年中央党务委员会成立时，陈云就是党务委员会的委员。抗日战争时期，陈云在延安担任7年中央组织部部长，其间，中央党务委员会由中央组织部代管。陈云经常直接过问和处理党的纪律检查工作。抗日军政大学毕业的新党员刘力功不服从党的分配，害怕艰苦的工作，受到了陈云的严厉批评。当刘力功达不到目的提出要退党时，陈云为了严肃党的纪律，开除了刘力功的党籍。此事在延安轰动一时。

对中央纪委的组成人选，陈云倾注了巨大心血。早在1978年11月30日，中央组织部就中央纪委组成人

1982年9月13日，担任中纪委第一书记的陈云在中纪委的全体会议上就加强党的纪律检查工作发表重要讲话

选向华国锋和几位副主席报告后，就征求陈云的意见，并根据陈云的意见，对候选人名单作了调整。胡耀邦担任中央纪委第三书记、王鹤寿担任中央纪委排名第一、主持日常工作的副书记，也是陈云鼎力推荐的结果。陈云与胡耀邦以及中央组织部副部长赵振清等商量中央纪委委员人选时，反复提出要胡耀邦担任中央纪委第三书记。胡耀邦最初表示，有什么工作交给他，他就办，不必兼任这个职务。但陈云一再提出，并要中央组织部将他的意见报告中央考虑决定。胡耀邦再向中央请求，不要兼任这个职务，也不赞成干部兼职过多，但最后胡耀邦还是服从中央决定，担任中央纪委第三书记。陈云多次提出，王鹤寿有思想水平和领导能力，原则性强。他六次被捕，对敌斗争坚决，由他担任中央纪委主持日常工作的副书记。这一建议得到胡耀邦的赞同。

在当选的中央纪委委员名单中，还有几个当时人们并不熟悉的中青年干部，他们都是“文革”中与“四人帮”作斗争的勇士。这是按照陈云的要求精心挑选的。

时年46岁的刘丽英是沈阳市公安局副局长。她在“文革”中与“四人帮”在沈阳市公安局的党羽坚决斗争，遭到残酷迫害。1979年1月1日，正在沈阳一家医院住院治疗的刘丽英，突然接到当选为中央纪委委员的通知。喜出望外的她第二天就出院了，当天就坐火车赴北京参加会议。时年49岁的汪文风，是编印《天安门诗抄》的“童怀周”主要负责人，当时任北京第二外国语学院汉语教研室主任。1978年12月25日《人民日报》公布中央纪委委员名单时，他和二外院党委书记都毫不知情。直到中纪委开会通知发到他的手中，看到通知上的大印，汪文风才相信自己确实当选了中央纪委委员。

公安部转来的信件用麻袋装运

1979年1月4日至22日，中央纪委召开成立后的第一次全体会议。100名中央纪委委员中，有97名出席了会议。会议主要讨论并拟定《关于党内政治生活的若干准则》（草稿）和通过《中共中央纪律检查委员会关于工作任务、职权范围、机构设置的规定》。

陈云主持会议并讲了话。胡耀邦传达完三中全会精神后，对当选委员一个一个地叫着姓名请他们站起来，向出席会议的同志介绍。介绍到刘丽英时，胡耀邦说：刘丽英是沈阳市公安局的副局长，在“文革”中与“四人帮”作斗争非常坚决。介绍到汪文风时，胡耀邦把汪文风的姓叫错了，叫成了江文风。邓颖超纠正说：“不是江文风，是汪文风。”胡耀邦说：“是江文风。”邓颖超说：“不不不，名单我是看清楚了的，是汪文风。”胡耀邦又拿起名单，仔细查找，才笑着说：“对对对，是汪文风。”然后说：“这是北京第二外国语学院编印出版《天安门诗抄》的‘童怀周’小组所在的汉语教研室主任。”

刚刚成立的中央纪委，既要审理林彪、“四人帮”两个反革命集团及其关联案件，又需要对“文革”和历史上遗留下来的大量问题进行清理，同时，大量的冤假错案要平反昭雪，任务异常艰巨繁重。向中央纪委反映情况的来信像雪片似的飞来，公安部门转来的信件则是用麻袋装运。1978年12月24日，十一届三中全会公报发表，从25日开始，中央纪委就陆续收到群众来信。截至1979年1月11日，中央纪委收到写给陈云、邓颖超、胡耀邦、黄克诚等中央纪委领导同志和中央纪委的控诉信、申诉信或者建议信就有6000多件，有些信甚至长达几百页，真是积案如山，积信如山。

当时，中央纪委办理信访的机构尚未建立，经与中组部协商，从1979年1月12日起，暂由中组部办公厅信访处指定几名同志和中央纪委两位同志负责专门处理写给中央纪委的来信。当时因为人手紧，加班加点看信都看不过来，无法普遍开展正式处理信件的工作，只能分别给来信人复个信，并处理一些重要信件。

在这种情况下，中央纪委加快了选人调人的工作。第一次全会还在进行中，中央纪委就着手选人调人，1979年1月份开始，从中央机关80多个部、委、局和解放军各总部、军兵种机关及北京市机关推荐的干部名单中选借、选调，一些参加中央纪委第一次全会的委员也被要求留在中央纪委工作，如刘丽英和汪文风。最初，他们都有顾虑，经过中央纪委领导做工作，最后他们都服从党组织决定，留在中央纪委做了专职委员。1月26日，中央纪委通过了《关于工作任务、职权范围、机构设置的规定》。根据规定，中央纪委当时设置了办公厅、研究室、纪律检查室、案件审理室、来信来访室几个办事机构。《规定》同时说明“可以根据工作需要，设置其他的室或小组”。中央纪委最初设立了三个组，由王鹤寿负总责。一组负责审查林彪集团罪行，由中央纪委副书记刘顺元负责。二组负责审查江青集团罪行，由中央纪委副书记张启龙负责。三组负责审查康生、谢富治的罪行，由中央纪委副书记章蕴负责。

此时，中央纪委还没有自己单独的办公地点，中组部就把自己的办公楼腾出一部分作为中央纪委的办公地点。由于中央纪委大量调人，中组部办公楼三层放不下，中央纪委的一些机构就搬到其他地方租房子办公。就是在这样的条件下，中央纪委的工作起步了。

（选自《纵横》2005年12期）

十一届三中全会前后文艺领域的拨乱反正/夏杏珍

文艺是时代的晴雨表，党的十一届三中全会前后文艺领域的拨乱反正，是与时代的呼吸相应和、踏着时代的节拍前行的。研究其历史进程，有助于从文艺这一最为敏感、最富创造力的领域加深对我们党和国家在伟大历史转折时期的认识和理解。

粉碎“四人帮”，文艺呼唤开启历史新篇章

粉碎“四人帮”不久，作为“感应的神经、攻守的手足”的文艺，率先发出了声音。郭沫若的词《水调歌头·粉碎“四人帮”》、贺敬之的诗《中国的十月》，唱出了时代的强音，传诵神州大地。《枫叶红了的时候》这部无情嘲讽“四人帮”的喜剧第一个出现在话剧舞台上，歌颂四五运动英雄浩然正气的四幕话剧《于无声处》，更引起全国轰动。短篇小说和报告文学也以崭新的姿态出现于文坛，刘心武的《班主任》、卢新华的《伤痕》、徐迟的《哥德巴赫猜想》等，是其中的杰出代表。杂文、电影、相声、漫画……各种文艺样式都涌现出优秀作品。鲁迅说：“文艺是国民精神所发的火光，同时也是引导国民精神前途的火光。”文艺走到了时代的前沿，发挥着团结人民、引领人民前进的作用。

在新作迭出的同时，一些原来被封禁的作品也开始重见天日。

《洪湖赤卫队》剧照

1977年2月，优秀戏剧如《洪湖赤卫队》、《豹子湾的战斗》、《南海长城》、《八一风暴》、《朝阳沟》、《小刀会》、《蝶恋花》等重新上演，受到广大群众的欢迎。

总之，在粉碎"四人帮"之后不长的时间里，文艺工作者久被压抑的创作冲动奔涌出来，社会主义的文学、戏剧、电影、美术、音乐、舞蹈等的创作逐步恢复并走向繁荣。粉碎"四人帮"后的文学潮流，应该说是对1976年清明时节的天安门诗歌运动的发展，它呼唤了思想解放运动的到来。

批判"文艺黑线专政论"，倡导实事求是思想路线

1977年，针对"两个凡是"的错误方针，邓小平明确表示反对，提出"完整准确地理解和运用毛泽东思想"，"用准确的、完整的毛泽东思想"作指导。陈云、聂荣臻、徐向前等老一辈革命家也相继发

“文化大革命”时期关于“文艺黑线专政论”的出版物

表文章倡导实事求是。随后，1977年11月18日《教育战线的一场大论战——批判“四人帮”炮制的“两个估计”》一文在《人民日报》发表，不仅在教育战线掀起了批判“两个估计”的热潮，而且带动了其他部门，特别是意识形态领域各部门，结合自身的情况掀起了深入揭批“四人帮”、肃清其流毒的热潮。反映在文艺领域，就是集中批判“文艺黑线专政论”。

还在《教育战线的一场大论战》发表前，文化部党组分管文艺工作的贺敬之、冯牧获悉中央领导同志10月5日关于推倒教育方面“两个估计”的谈话后，即于当月以文化部理论组名义召开了批判“文艺黑线专政论”的文艺界人士座谈会，拉开了文艺领域拨乱反正的序幕。

1977年11月21日，《人民日报》邀请茅盾、刘白羽、张光年、贺敬之、谢冰心和吕骥、蔡若虹、李季、冯牧等文艺界人士举行座谈会，批判“四人帮”炮制的“文艺黑线专政论”。11月25日，《人民日报》加“编者按”发表座谈会的报道，同时登载茅盾的发言《贯彻“双百”方针，砸碎精神枷锁》和刘白羽的发言《从“文艺黑线专政”到阴谋文艺》；12月7日又登载了张光年的发言《驳“文艺黑线专政论”——从所谓“文艺黑线”的“黑八论”谈起》。参加座谈会的同志指出：“文艺黑线专政论”是“四人帮”全盘否定毛泽东革命路线在文艺战线的主导地位，为他们篡党夺权阴谋服务的理论支柱；"文艺黑线专政论"完全歪曲"文化大革命"前文艺战线的实际，篡改文艺战线的斗争历史，否定17年革命文艺的成就；只有砸碎"文艺黑线专政论"这个沉重的精神枷锁，肃清它的流毒，"双百"方针才能得到贯彻。

在"编者按"中，还对所谓的"文艺黑线专政论"进行了揭露。"文艺黑线专政论"发端于1966年2月江青勾结林彪抛出的《部队文艺工作座谈会纪要》，"四人帮"举着这把刀子，否定17年来革命文艺的成就，并从文艺界打开"突破口"，扩展到各条战线，全盘否定"文化大革命"以前17年的伟大成就。"编者按"指出："十多年来，这个'文艺黑线专政论'成为沉重的精神枷锁，压得广大文艺工作者透不过气来。最近党中央领导我们揭穿了教育战线'黑线专政'论的阴谋，也揭穿了文艺战线'黑线专政'论的阴谋。广大文艺工作者欢欣鼓舞，扬眉吐气，决心同其他各条战线的同志们一起，彻底查清'四人帮'炮制'文艺黑线专政论'的全部阴谋，坚决砸碎这个强加给文艺界和广大革命群众的精神枷锁，深入揭批'四人帮'，迎接社会主义经济建设和文化建设的新高潮，迎接社会主义文艺百花齐放的春天！"

这个座谈会召开后不久，《解放军文艺》编辑部召开驻京部队部分文艺工作者座谈会，揭露江青勾结林彪炮制"文艺黑线专政论"的阴谋。出席座谈会的有魏巍、丁毅、时乐濛、杜烽、唐诃、陆柱国、严寄洲、黄宗江等，他们列举大量事实，对"文艺黑线专政论"展开揭发、批判，指出："文艺黑线专政论"完全抹杀了"文化大革命"前17年革命文艺的巨大成绩，是对新中国成立以来革命文艺史的严重歪曲。以江青在炮制"文艺黑线专政论"时点名攻击的八一电影制片厂来说，从1955年拍摄第一部故事影片到"文化大革命"前夕，一共摄制了69部故事片，在银幕上塑造了许多工农兵英雄形象，其主流是革命的、健康的，成绩是主要的。《人民日报》于1977年12月25日登载了新华社发的关于这次座谈会的电讯。此后，《人民文学》编辑部于12月28日至31日举行向“文艺黑线专政论开火”在京文学工作者座谈会，集中批判“文艺黑线专政论”，参加座谈会的有140多人。夏衍、茅盾、周扬、林默涵等20多人发言，卧病中的郭沫若还特意提交了书面发言。特别是周扬的长篇发言，集中而有力地批判了“文艺黑线专政论”。召开这次座谈会的时候，关于真理标准问题的讨论还没有进行，思想禁锢还相当严重，这次座谈会的召开，虽不免受到时代的局限，但总的说来，对文艺领域的拨乱反正，对方兴未艾的思想解放运动，是具有突破性意义的。

1977年12月底，毛泽东关于形象思维的一封信的发表，对文艺领域的拨乱反正产生了很大的启发和推动作用。这封信是毛泽东于1965年7月21日写给陈毅的，由为陈毅改诗而谈到“形象思维”在创作中的作用。毛泽东说：“诗要用形象思维，不能如散文那样直说，所以比、兴两法是不能不用的。……宋人多数不懂诗是要用形象思维的，一反唐人规律，所以味同嚼蜡。……要作今诗，则要用形象思维方法。”他还说：“将来趋势，很可能从民歌中吸引养料和形式，发展成为一套吸引读者的新体诗歌。”20世纪60年代，文艺界一些人曾提出文艺创作要“用形象思维”的问题，后来受到批判，“文化大革命”中则进一步强化理性，只承认抽象思维的作用，导致公式化、概念化的东西泛滥，形象思维问题更无人涉足。这封信的公开发表，立即在国内引起一场关于形象思维的大讨论。毛泽东明确肯定形象思维在创作中的作用，大大解放了文艺工作者的思想。有人评论说，信的发表，“不仅对繁荣和发展社会主义文艺创作将产生深远的影响，并且对于肃清帮八股的流毒，对于各行各业探讨和掌握本部门业务的特殊规律，对于包括理论研究的学风的改造，都将产生巨大的作用”。

即使在10年“文化大革命”当中，也一直涌动着人民大众的文学潜流。图为1976年天安门事件中在人民英雄纪念碑下抄诗的人群

真理标准大讨论加快了文艺领域拨乱反正的步伐

1978年5月27日至6月5日，中宣部召开中国文联第三届全国委员会第三次扩大会议。会上宣布中国文联和五个协会正式恢复工作，为文艺领域拨乱反正的深入开展确立了组织保证。根据会议决议，《文艺报》于7月15日复刊，为文艺领域进一步拨乱反正提供了自己的阵地。会议再三强调繁荣社会主义文艺的紧迫性，许多同志也在会上指出，在当前新的历史条件下，学习马列主义、毛泽东思想，特别要注意实事求是，从实际出发，理论与实践相结合的马克思主义的学风；贯彻“双百”方针，使思想文化领域充分发扬社会主义民主。这说明“实践是检验真理的唯一标准”的科学观念在文艺界已渐入人心，对于文艺界“左”的干扰的突破，已经由不自觉向自觉转化了。

1978年10月上旬，《文艺报》编辑部召开“实践是检验真理的唯一标准”座谈会，在发表这次座谈会的报道时加了“编者按”。其中写道：“大家认为，这是一次马克思主义的思想解放运动，是现实的需要，历史的要求.我们文艺战线也要通过这场重大的讨论，来个思想大解放。我们要从解放以来29年文艺工作的实际出发，认真总结正反两方面的经验教训。"

紧接着，10月31日，《文学评论》编辑部召开"实践是检验真理的唯一标准"座谈会，与会者通过讨论达成了共识，认为必须"坚持实践是检验真理的唯一标准这一马克思主义的根本观点……正确总结建国以来文艺工作的正反经验，促使我们的文艺事业大大向前发展"。许多人还认为：检验文艺理论、方针、政策和文艺领导工作的方法正确与否，就是要看文艺创作是否真正繁荣。只有承认"实践是检验真理的唯一标准"，才能把马列主义和毛泽东思想从被"四人帮"歪曲、搞乱了的"神位"上，放到科学的位置上去认识，这是实现文艺思想真正解放的唯一途径。

1978年11月15日，新华社报道北京市委宣布天安门事件完全是革命行动的消息，对文艺界进一步消除"余悸"，解放思想，起了极大的激励作用。同一天，《文艺报》在发表该报10月上旬关于"实践是检验真理的唯一标准"座谈会报道的同时，还特意开辟了"坚持实践第一、发扬艺术民主"的专栏，刊登了茅盾、巴金、沙汀等人学习探讨"实践是检验真理的唯一标准"的理论文章。茅盾在《作家如何理解实践是检验真理的唯一标准》一文中指出："在实践是检验真理的唯一标准面前，不存在什么'禁区'不存在什么'金科玉律'。这就为文艺事业开辟了广大法门，为作家们创造新体裁新风格乃至新的文学语言，提供了无限有利的条件。也只有这样，'百花齐放，百家争鸣'才不是一句空话。而要达到这境界，不能靠豪言壮志，要靠实践，再实践。"

如果说对"文艺黑线专政论"、"主题先行论"、"题材决定论"等的批判，从理论上批倒了"四人帮"违反艺术规律的创作模式，那么，"实践是检验真理的唯一标准"在文艺界讨论的全面展开，则是从方法论的思想高度为新时期文艺思想的转型进行了准备。

十一届三中全会成为文艺领域拨乱反正的历史转折

1978年冬召开的党的十一届三中全会，实现了伟大的历史转折。邓小平的"主题报告"强调"民主是解放思想的重要条件"。全会公报指出："在人民内部的思想政治生活中，只能实行民主方法，不能采取压制、打击手段。要重申不抓辫子、不扣帽子、不打棍子的'三不主义'。"还明确提出："全国报刊宣传和文艺作品要多歌颂工农兵群众，多歌颂党和老一辈革命家，少宣传个人。"在邓小平"主题报告"和全会公报的指导下，文艺领域的拨乱反正更加全面深入。

首先，实事求是地、尽快地为蒙受冤屈的文艺作品和遭到迫害的作者落实政策，恢复名誉，平反昭雪。《文艺报》编辑部和《文学评论》编辑部于1978年12月5日邀请文学、戏剧、电影工作者和出版社、报刊的编辑人员举行座谈会。会上列举了部分应予落实政策的作品，文学方面如《保卫延安》(杜鹏程)、《三里湾》(赵树理)、《山乡巨变》(周立波)、《赖大嫂》(西戎)，陶铸的《理想，情操，精神生活》、《思想·感情·文采》，以及王蒙的《组织部来了个年轻人》，等等。戏剧方面如历史题材的《海瑞罢官》(吴晗)、《谢瑶环》(田汉)、《李慧娘》(孟超)，现代题材的《洞箫横吹》、《布谷鸟又叫了》(杨履芳)；电影如《早春二月》、《舞台姐妹》、《北国江南》、《逆风千里》、《红日》、《暴风骤雨》、《怒潮》、《革命家庭》、《红河激浪》、《五朵金花》、《阿诗玛》、《不夜城》等。12月23日，《人民日报》为这次座谈会发表题为《加快为受迫害的作家和作品平反的步伐》的评论员文章，文章指出，就全国来说，这项工作的进展不平衡，有些地区和单位步伐很慢，使得一些受迫害的作家和作品至今未能平反。"继续故意拖延，就是坚持错误，就是犯罪！"文章强调："凡是错案、假案、冤案，都要实事求是地坚决平反，彻底平反，迅速平反，要快刀斩乱麻，有错必纠。受林彪、‘四人帮’迫害的要平反，‘文化大革命’前17年中批错的也要改正。”

其次，从文艺思想理论上进一步拨乱反正。《上海文艺》1978年第11期发表的评论员文章《艺术与民主》是一篇有代表性的文章。文章指出，艺术创作的繁荣，文苑百花的盛开，离不开适宜的民主气候。文学艺术就其本性来说，是最容不得专制独裁的，任何形式的专制都会窒息艺术的生机，只有民主才能促进艺术的繁荣。该文从艺术要反映人民的呼声、艺术创作不能容忍“样板”、文艺批评不能“哪个大听哪个的”、在贯彻双百方针过程中实现党的领导四个方面，论述了艺术与民主的问题。《人民日报》于1978年12月23日以《〈上海文艺〉论艺术和民主》为题，详细摘要转载了这篇文章，扩大了它的影响。1979年2月23、24日，《人民日报》又连续发表了周扬1978年12月9日在广东省文学创作会议上所作的《关于社会主义新时期的文学艺术问题》报告。在这篇报告中，周扬提出和阐述了文艺领域的六大问题：社会主义新时期文学艺术的任务；歌颂和暴露的问题；社会主义文学和它的同盟军；艺术的形式和风格问题；学术上自由讨论的问题；文学艺术的领导问题。在报告中周扬还重点谈了“双百”方针，他认为，新时期文艺要健康地发展下去，一定要有一个“百花齐放，百家争鸣”的政治环境，如果没有创作上的百花齐放，学术上的百家争鸣，中国的文学艺术要出现繁荣和高峰，是不可能的。周扬指出：“‘百花齐放、百家争鸣’，实际上就是发扬社会主义民主，防止思想僵化。而思想僵化，对于我们是最大的危险。”这无疑是总结自身经验教训又接受邓小平三中全会主题报告的思想得出的结论。

第四次全国文代会提出“二为”方向，文艺领域的拨乱反正进一步向纵深发展并最后完成

在进行政治改革和经济调整

在科技、教育事业拨乱反正的同时，文艺战线也开始否定“文艺黑线专政”之说。1979年10月30日至11月16日，中国文学艺术工作者第四次代表大会在北京举行。图为大会会场

中，社会上出现了异常复杂的情势，社会思潮纷繁驳杂。一方面，一些人由于不能摆脱长期束缚着人们头脑的“左”的思想，仍然沿用过去的思路看事情想问题，对十一届三中全会以来党的路线、方针、政策，不理解甚至抵触；另一方面，有人打着“拨乱反正”、“社会改革”的旗号，曲解“解放思想”的口号，把党和毛泽东的错误加以夸大，散布种种怀疑或反对社会主义、人民民主专政、中国共产党的领导和马列主义毛泽东思想的言论。后一股思潮带有强烈的政治色彩，反映在文学思潮和文学创作上，呈现出良莠不齐、新旧交织的复杂情况。极左文艺思潮还远未彻底肃清，坚持思想解放与固守思想僵化、半僵化还在激烈争论，资产阶级自由化思潮又开始在文艺领域蔓延。文学创作在取得显著成就的同时，也出现了违背四项基本原则、思想倾向不好、审美情趣低下、社会效果不好的作品。理论批评中也出现了少数背离马克思主义、不利于坚持党的领导和社会主义道路的错误文章。为彻底消除“左”的和右的错误思想的干扰，深入进行文艺领域的拨乱反正，调整文艺思想和政策，1979年10月30日至11月16日，中国文联召开了第四次全国代表大会。这是粉碎“四人帮”之后文艺界举行的第一次盛会，也是在历史的重要关头召开的一次“继往开

来”的大会。如果说第一次文代会标志着新中国人民文艺的伟大开端，那么，第四次文代会则预示着新时期社会主义文艺的伟大转折，邓小平的《祝词》为其主要标志。

《祝词》首先肯定文艺界“通过清算林彪、‘四人帮’的罪行和谬论，已经出现了许多优秀的小说、诗歌、戏剧、电影、曲艺、报告文学以及音乐、舞蹈、摄影、美术等作品。这些作品，对于打破林彪、‘四人帮’设置的精神枷锁，肃清他们的流毒和影响，对于解放思想，振奋精神，鼓舞人民同心同德，向四个现代化进军，起了积极的作用”。对文艺与人民、文艺与政治的关系等问题，作了透辟而独到的阐述，指出：“人民是文艺工作者的母亲。一切进步文艺工作者的艺术生命，就在于他们同人民之间的血肉联系”；“自觉地在人民的生活中汲取题材、主题、情节、语言、诗情和画意，用人民创造历史的奋发精神来哺育自己，这就是我们社会主义文艺事业兴旺发达的根本道路。”“党对文艺工作的领导，不是发号施令，不是要求文学艺术从属于临时的、具体的、直接的政治任务，而是根据文学艺术的特征和发展规律，帮助文艺工作者获得条件来不断繁荣文学艺术事业，提高文学艺术水平。”强调在文艺界“坚持百花齐放、推陈出新、洋为中用、古为今用的方针，在艺术创作上提倡不同形式和风格的自由发展，在艺术理论上提倡不同观点和学派的自由讨论”。

邓小平的《祝词》，对调整文艺同各种领域的关系，对文艺事业的发展繁荣，具有重要的指导意义，大大地鼓舞了文艺界进一步解放思想、拨乱反正的勇气和信心。

周扬在会上作《继往开来，繁荣社会主义新时期的文艺》的报告，全面回顾总结新中国成立以来文艺工作30年的历程和经验教训，对粉碎“四人帮”以来的文艺发展给予肯定的评价。他说：“许多长期以来文艺界不敢触及的问题，现在敢于突破，敢于议论，敢于探讨了，不仅打破了‘四人帮’加在文艺工作者身上的重重枷锁，冲破了他们设置的许多禁区，而且冲破了开国后17年中的不少清规戒律。”报告提出：“文艺界要解放思想，就必须坚定不移地贯彻执行‘百花齐放，百家争鸣’的方针。这个方针是社会主义文化政策的一个新的实验。”

第四次全国文代会是我国进入新时期以来第一次重要的文艺政策调整变化的会议，是新时期文艺思想发展转折的重要标志，为文艺界拨乱反正向纵深发展创造了较为宽松、自由的政治环境。根据《祝词》和会议精神，1980年7月26日，《人民日报》发表题为《文艺为人民服务、为社会主义服务》的社论，明确提出不再提“文艺从属于政治”、“文艺为政治服务”的口号，新的口号是“文艺为人民服务，为社会主义服务”（后来简称为“二为”方向）。这种提法对于文艺界解放思想、彻底摆脱“左”的羁绊起了巨大的推动作用。第四次文代会以后，关于“文艺与政治的关系”、“人性和人道主义”、“双百方针与二为方向”、“歌颂与暴露”等问题得到了广泛而深入的探讨。

要彻底地、系统地解决“文化大革命”及其以前“左”的错误问题，全面恢复党的正确路线和政策，就需要对新中国成立以来的历史经验加以深刻和系统的总结，清楚地回答在粉碎“四人帮”后，尤其是在拨乱反正的思想解放运动中提出来的一系列重要的历史问题、理论问题和现实问题。1979年9月29日，叶剑英在国庆30周年大会上的讲话，对新中国成立以来的历史进行了初步的全面回顾，并且表示，对新中国成立以来的历史，尤其是“文化大革命”10年的历史，应当在适当的时候，经过专门会议，作出正式的总结。这样便开始了《关于建国以来党的若干历史问题的决议》的起草工作。1981年6月27日至29日召开的党的十一届六中全会，通过了《关于建国以来党的若干历史问题的决议》。《决议》回顾了中国共产党60年的战斗历程，对新中国成立32年来党的重大历史事件和基本经验作了全面总结，充分肯定了毛泽东的历史地位和毛泽东思想的指导地位，对于统一全党、全军、全国各族人民的思想认识，起了巨大的作用，标志着党胜利地完成了指导思想上拨乱反正的历史任务。

这一时期，文学艺术随着思想解放运动的发展而不断发展，同时又给思想解放运动以极大的促进。党的十一届三中全会后，党的文艺理论、方针政策都有了新变化，如用“文艺为人民服务，为社会主义服务”的口号代替“文艺为政治服务”或“文艺从属于政治”的口号；恢复、坚持和进一步完善“双百”方针，强调民主精神和科学态度等等，极大地调动了广大文艺工作者的积极性，给文艺带来前所未有的繁荣景象。

(选自《党的文献》2009年第6期)

历史文献中的十一届三中全会

一九七八年十二月召开的十一届三中全会，是建国以来我党历史上具有深远意义的伟大转折。全会结束了一九七六年十月以来党的工作在徘徊中前进的局面，开始全面地认真地纠正“文化大革命”中及其以前的左倾错误。这次全会坚决批判了“两个凡是”的错误方针，充分肯定了必须完整地、准确地掌握毛泽东思想的科学体系；高度评价了关于真理标准问题的讨论，确定了解放思想、开动脑筋、实事求是、团结一致向前看的指导方针；果断地停止使用“以阶级斗争为纲”这个不适用于社会主义社会的口号，作出了把工作重点转移到社会主义现代化建设上来的战略决策；提出了要注意解决好国民经济重大比例严重失调的要求，制订了关于加快农业发展的决定；着重提出了健全社会主义民主和加强社会主义法制的任务；审查和解决了党的历史上一批重大冤假错案和一些重要领导人的功过是非问题。全会还增选了中央领导机构的成员。这些在领导工作中具有重大意义的转变，标志着党重新确立了马克思主义的思想路线、政治路线和组织路线。从此，党掌握了拨乱反正的主动权，有步骤地解决了建国以来的许多历史遗留问题和实际生活中出现的新问题，进行了繁重的建设和改革工作，使我们的国家在经济上和政治上都出现了很好的形势。

——《中国共产党中央委员会关于建国以来党的若干历史问题的决议》，1981年6月27日。

党的十一届三中全会和全会以前的中央工作会议，肯定了党中央在粉碎“四人帮”以来所进行的巨大工作，认为揭批林彪、“四人帮”的群众运动就全国范围来说已经可以胜利结束，决定把全党的工作的着重点从今年起转移到社会主义现代化建设方面来。三中全会解决了党的历史上所遗留的一系列重大问题，以便团结全党、全军和全国各族人民，向着四个现代化的宏伟目标前进。这两次会议在党的历史上是有重大意义的。……上述的政治和经济形势，使全党有可能把工作着重点从今年起转移到社会主义现代化建设上来。这是我国历史上的一个伟大的转折。虽然过去我们已经进行了多年的社会主义建设，但是我们仍然有足够的理由说，这是一个新的历史发展阶段的开端。

——邓小平：《坚持四项基本原则》，1979年3月30日。

要坚持党的十一届三中全会以来的路线、方针、政策，关键是坚持“一个中心、两个基本点”。不坚持社会主义，不改革开放，不发展经济，不改善人民生活，只能是死路一条。基本路线要管一百年，动摇不得。只有坚持这条路线，人民才会相信你，拥护你。谁要改变三中全会以来的路线、方针、政策，老百姓不答应，谁就会被打倒。

——邓小平：《在武昌、深圳、珠海、上海等地的谈话要点》，1992年1月18日至2月21日。

党的十一届三中全会，在邓小平同志的领导下，重新确立解放思想、实事求是的思想路线，确定把党和国家工作的中心转移到经济建设上来，作出实行改革开放的决策，随后又旗帜鲜明地强调必须坚持四项基本原则。党的“一个中心、两个基本点”的基本路线开始形成。这次全会，标志着建国以来党和国家历史的伟大转折，开辟了改革开放和集中力量进行社会主义现代化建设的历史新时期。经过这次全会，邓小平同志成为党的第二代中央领导集体的核心。

——江泽民：《在邓小平同志追悼大会上致悼词》，1997年2月25日。

人民日报
RENMIN RIBAO
敬爱的邓小平同志永垂不朽
中国共产党中央委员会
中华人民共和国全国人民代表大会常务委员会
中华人民共和国国务院
中国人民政治协商会议全国委员会
中国共产党和中华人民共和国中央军事委员会
告全党全军全国各族人民书

《人民日报》刊发的邓小平逝世后中共中央、人大常委会、国务院、中央军事委员会《告全党全军全国各族人民书》

党的十一届三中全会，在邓小平同志的领导下，重新确立解放思想、实事求是的思想路线，确定把党和国家工作的中心转移到经济建设上来，作出实行改革开放的决策，随后又旗帜鲜明地强调必须坚持四项基本原则。党的“一个中心、两个基本点”的基本路线开始形成。这次全会，标志着建国以来党和国家历史的伟大转折，开辟了改革开放和集中力量进行社会主义现代化建设的历史新时期。经过这次全会，邓小平同志成为党的第二代中央领导集体的核心。

一九七八年十二月召开的十一届三中全会，是一次很不寻常的会议。大家都记得，在粉碎“四人帮”、结束持续十年的“文化大革命”后，中国百业待举。广大干部和群众强烈要求纠正“文化大革命”的错误理论、方针和政策，彻底扭转十年内乱造成的严重局势，使中国从危难中重新奋起。但是，这种要求和愿望遇到严重阻碍，党和国家的工作在前进中出现徘徊的局面。中国面临一个重大历史关头。在邓小平同志的领导下和老一辈无产阶级革命家的支持下，十一届三中全会冲破长期“左”的错误的严重束缚，批评了“两个凡是”的错误方针，明确指出必须完整、准确地掌握毛泽东思想的科学体系。全会高度评价关于真理标准问题的讨论，重新确立马克思主义的思想路线、政治路线和组织路线，作出了把党和国家的工作重点转移到社会主义现代化建设上来和实行改革开放的战略决策。邓小平同志在全会前召开的中央工作会议上发表的《解放思想，实事求是，团结一致向前看》的著名讲话，为全会确定具有划时代意义的新认识和新决策奠定了重要基础。十一届三中全会，是建国以来我党历史上具有深远意义的伟大转折。党在思想、政治、组织等领域的全面拨乱反正，是从这次全会开始的。伟大的社会主义改革开放，是由这次全会揭开序幕的。建设有中国特色社会主义的新道路，是以这次全会为起点开辟的。当代中国的马克思主义——邓小平理论，是在这次全会前后开始逐步形成和发展起来的。十一届三中全会是一个光辉的标志，它表明中国从此进入了社会主义事业发展的新时期。

——江泽民在中共十一届三中全会20周年纪念大会上的讲话，1998年12月18日。

在邓小平同志指导下，1978年12月召开的党的十一届三中全会，重新确立了解放思想、实事求是的思想路线，确定把党和国家的工作重点转移到社会主义现代化建设上来，作出实行改革开放的重大决策。这次全会，实现了党的历史上具有深远意义的伟大转折，开辟了改革开放和集中力量进行社会主义现代化建设的历史新时期。

党的十一届三中全会，标志着邓小平同志成为党的第二代中央领导集体的核心。

——胡锦涛：《在邓小平同志诞辰100周年纪念大会上的讲话》，2004年8月23日。

党的十一届三中全会是在党和国家面临向何处去的重大历史关头召开的。1976年10月粉碎“四人帮”之后，广大干部群众强烈要求纠正“文化大革命”的错误，彻底扭转十年内乱造成的严重局势，使党和国家从危难中重新奋起。但是，这一顺应时势的愿望遇到严重阻碍，党和国家工作在前进中出现徘徊局面。与此同时，世界经济快速发展，科技进步日新月异，国家建设百业待兴，真理标准讨论热潮涌起。国内外大势呼唤我们党尽快就关系党和国家前途命运的大政方针作出政治决断和战略抉择。

在邓小平同志领导下和其他老一辈革命家支持下，党的十一届三中全会开始全面认真纠正“文化大革命”中及其以前的“左”倾错误，坚决批判了“两个凡是”的错误方针，充分肯定了必须完整、准确地掌握毛泽东思想的科学体系，高度评价了关于真理标准问题的讨论，确定了解放思想、开动脑筋、实事求是、团结一致向前看的指导方针，果断停止使用“以阶级斗争为纲”的口号，作出了把党和国家工作中心转移到经济建设上来、实行改革开放的历史性决策。

党的十一届三中全会标志着我们党重新确立了马克思主义的思想路线、政治路线、组织路线，标志着中国共产党人在新的时代条件下的伟大觉醒，显示了我们党顺应时代潮流和人民愿望、勇敢开辟建设社会主义新路的坚强决心。

在党的十一届三中全会春风吹拂下，神州大地万物复苏、生机勃发，拨乱反正全面展开，解决历史遗留问题有步骤进行，社会主义民主法制建设走上正轨，党和国家领导制度和领导体制得到健全，国家各项事业蓬勃发展。我们伟大的祖国迎来了思想的解放、经济的发展、政治的昌明、教育的勃兴、文艺的繁荣、科学的春天。党和国家又充满希望、充满活力地踏上了实现社会主义现代化的伟大征程。

——胡锦涛在纪念党的十一届三中全会召开30周年大会上的讲话，2008年12月18日。

十一届三中全会前后苏联如何评价中国的改革开放 /段炼

以中共十一届三中全会为主要标志，从“文化大革命”结束到中共十二大召开的6年里，中国改革开放事业逐渐起步，开始伟大探索，苏联对此作了许多评价。这些评价曲解建设中国特色社会主义的内涵、实质，经不起实践和历史检验，却体现出苏联对马克思主义、社会主义的把握程度，也反映了中国改革开放的艰辛。

一

1975年毛泽东病重之时，苏联一些汉学家就开始讨论：今后中国政治进程会发生什么变化。1976年9月毛泽东病逝，10月“四人帮”被粉碎，华国锋接任中共中央主席，局势如此迅速变化，苏联一时不知怎样应对，勃列日涅夫曾指出：中国未来的方针如何，现在还难说。为此，1976年12月葛罗米柯向中国驻苏大使表示：希望双方停止互相批评，哪怕一个月、三个月，或一年都可以，以前批评中国是不得已的，因为中国对苏作了大量攻击。从1976年9月到1977年3月，苏联公开批评中国的力度减弱，20种中央报刊发表文章67篇，每月10篇左右，其中专题17篇。文章没有点出毛泽东的名字，很少用"毛分子"的称呼，而1976年前8个月文章有100多篇，专题30多篇。

"文化大革命"结束之初，"两个凡是"思想依然束缚着中国。1977年8月中共十一大召开，大会一方面提出建设社会主义现代化强国，一方面坚持"文革"的指导思想。苏联认为中国在"保存毛所有的基本对内对外方针"，不要对中国"存在任何幻想"，从1977年4月到12月批评文章增加到每月30篇。苏联点名攻击华国锋、叶剑英等，说中国"生产下降，科学、技术、文化停滞不前"，"经常争斗，骚动和杂乱无章"，对外"分裂社会主义大家庭，破坏共产主义运动和民族解放运动，与帝国主义、复仇主义和反动势力同流合污"。十一大闭幕后塔斯社发表评论说，大会"没有提出任何社会政治纲领"，"没有提出发展国民经济的具体指标"，"根本不谈人民的福利的任务"。

1978年1月到5月，批评文章的数量一度下降到每月20篇左右。5月后中国面向西方外交频频出击，触犯了苏联最敏感的神经，苏共中央政治局专门开会，决定在中央书记米亚齐宁负责下，加大对华攻击力度。从5月到9月文章数量激增，仅8月就有210篇。1978年全年各种文章多达1420篇，比1977年的多5倍，成为1963年中苏两党公开论战以来最高纪录。苏联沿用过去套路，攻击中国"政局不稳，人民不满"，反苏是"对外政策的重心"，已经出现"华盛顿—北京—东京这个轴心"，它还鼓动国内读者给西方报刊写信，表示对西方改善对华关系"深感不安"。

中共十二大会场

1978年5月11日，《光明日报》发表特约评论员文章《实践是检验真理的唯一标准》，真理标准问题大讨论展开。12月18日到22日中共十一届三中全会召开，会议作出把全党工作重点转移到社会主义现代化建设上来等战略决策，放弃"两个凡是"的错误方针，以邓小平为核心的第二代中央领导集体开始形成。苏联完全没有察觉出三中全会的历史意义，塔斯社在公报发布的第二天凌晨评论说，会议"是在上层争权夺利急剧尖锐化的形势下召开的"，中共正经历"深刻危机"，目前在"加速扩充中国的军事工业潜力"，中国不存在"即使是向好的方面缓慢变化的前提"。

由于对越自卫反击战发生，1979年2月、3月苏联批评文章分别猛增到736篇和710篇，比1月的超出两倍。4月和5月文章数量下降到351篇、342篇，同时第一次出现北京治理污染等客观报道，6月以后继续下降到每月80篇左右。1979年12月苏联入侵阿富汗，中苏关系再次紧张。1980年1月到9月批评文章每月200多篇，苏联着重攻击中美"勾结"，"霸权主义"是中国"对外政策的一种特殊思想体系"和"核心"。

改革开放促使中国深刻反思经验教训，重新评价历史，1980年后实际承认了苏联是社会主义国家，只反对它的对外扩张。苏联也明显感觉到中国的变化，1980年8月底勃列日涅夫在阿拉木图表示：中国正在发生重大内部变化，某些毛主义的概念已遭到公开或不公开的批判。苏联攻击中国的力度减弱了，1980年9月到1981年12月，批评中国的文章维持在每月100多篇。1982年4月65篇，10月只有7篇，相反1982年的客观报道每月40篇左右。与此同时，苏联重视起对中国的专业研究，1982年初第二次全苏汉学家会议举行，会议总结了最近10年汉学研究，部署今后任务。5月苏共中联部第一副部长罗满宁发表《中国局势和苏联对中国问题研究的任务》，要求紧密结合国际局势和中国领导人的政治实践，对中国内外政策的演变和发展趋势提出有科学根据的预测。

1982年9月1日到11日中共十二大召开，胡耀邦在政治报告中说指导思想上的拨乱反正已经完成，各条战线实现了历史性的伟大转变。邓小平在开幕词中第一次提出"建设有中国特色社会主义"的时代命题。苏联报刊对大会作了客观报道，并摘发会议文件。苏共中联部顾问鲍文与中国处处长贝科什评论说：十一大以后"中国发生了许多复杂的，矛盾的进程"，十二大在内政方面回到了明智的方针，变化中心是现代化。

苏联报刊文章数量增减呈现"之"字形走向，1976年到1981年批评性内容占主要位置，1981年以后客观性内容逐渐上升，变化主要根据是中国改革开放进程，以及中苏关系波动。

二

1976年到1982年苏联对中国的评价涉及指导思想、内外政策，内容非常丰富，主要分为四个部分。

（一）怎样看待毛泽东思想的历史地位

"文革"爆发后，苏联一直抨击毛泽东思想不是马列主义，1976年2月勃列日涅夫在苏共二十五大上说：今后仍将同毛主义作斗争，作原则性的与不可调和的斗争。

在苏联看来，毛泽东思想的哲

学基础是"一分为二",它完全忽视了对立物的互相渗透和互相作用,只剩下一味斗争。在"一分为二"基础上,一个个新的"矛盾"和"对抗"被设计出来,为层出不穷的内部政治纠纷和冲突以及采用最极端的措施开辟广阔空间。苏联认为思维和存在是不能画等号的,否则世界上已经发生的、正在发生的和将要发生的一切可以和思维中的一切等量齐观,为无限武断提供依据,为政策中的变幻无常、极端主义和唯意志论辩解,所以中国开展许多政治运动不是根据中央决议,而是根据毛泽东个人的指示。苏联指责对毛泽东的个人迷信到了不可思议的离奇形式,和骇人听闻的规模,个人迷信不仅是"文革"的旗帜,也是它一个极重要的前提。

苏联断定,毛泽东思想的核心是阶级斗争与民族主义的混合。毛泽东思想篡改了马列主义的阶级斗争理论,因为如果社会主义社会重视阶级斗争,就会抹杀它和资本主义社会的原则区别,社会主义社会没有阶级对抗的客观基础,只存在着友好的阶级和社会集团。苏联指出阶级斗争不可能会反映在党内,因为党是志同道合的志愿联盟,不存在敌我斗争。毛泽东认为无产阶级专政有两大任务,即暴力镇压和保卫国家,苏联批评说这忽视了专政的主要任务——经济建设。

对"无产阶级专政下继续革命"理论,苏联认为是"党内斗争的产物",同两条路线斗争和严重的社会经济危机密不可分,颠倒了生产关系和生产力的关系,忽视物质技术基础发展,把一切归结为确立新的生产关系。苏联还说"文革"限制商品货币等资产阶级法权反映了小资产阶级平均主义思想,是以生产力发展的低水平为代价。

苏联认为毛泽东晚年的思想与早年的前后相继,是毛泽东思想主要内容,也是留给中国新领导人沉重的"政治遗产",只有彻底放弃毛泽东思想,才能走向正确道路。由此出发,苏联评价了中华人民共和国历史:1949年到1958年,中国得到苏联等社会主义国家帮助,建设

1960年7月，苏联单方面撕毁同我国签订的600个合同，并撤走全部在华专家，使我国众多企业和事业单位的建设处于停顿、半停顿状态，加重了我国的经济困难。图为因苏联专家撤走而停产的工厂

方面基本体现了科学社会主义原则；1958年到1960年，毛泽东的"三面红旗"冒险主义政策把国民经济推向破产边缘；1961年到1965年，刘少奇等人的调整方针使国民经济免于进一步崩溃；1966年以后，毛泽东发动"文革"，给中国带来"深重灾难"。

1981年中共十一届六中全会公布《关于建国以来若干历史问题的决议》，全面回顾了新中国成立30多年历史，提出毛泽东晚年的思想不属于毛泽东思想科学体系，毛泽东思想仍是全党指导思想。苏联很不满意，公开说《决议》是"各派相互妥协的产物"，因为"上层所有敌对集团都同毛主义制度休戚相关"，"担心对毛的批评挖了自己的墙角"。苏联指责《决议》的目的是"粉饰"毛泽东，由于"文革"造成"信任危机"，迫使中共不得不"随机应变"，一方面承认他的错误，另一方面说他的功绩是第一位的，这"既不符合形式逻辑，也不符合辩证逻辑"。苏联称《决议》篡改中共党史，本来"不应该赞扬"的七大因为把毛泽东思想写入党章而被有意突出，八大提出经济建设的重要，并要和苏联发展友好关系，但在《决议》里它的意义"显然被缩小了"，《决议》也没有揭示中苏论战的实质，好像"苏联应当和毛泽东一起承担‘文化革命’的责任”。

（二）怎样评价中华人民共和国的社会性质

如果毛泽东思想不是马列主义，那该怎么认识中华人民共和国的社会性质，长期以来这在苏联理论界争论很大，研究成果汗牛充栋。

一种观点认为“中国的内外政策虽然存在着反常的情势”，但“不能说中国正在复辟资本主义”。它认为在苏联帮助下，中国已经建立了社会主义基础，由于国家所有制和合作社所有制的存在，没有阶级剥削。另一种观点认为，生产的目的更具有本质意义，60年代以后中国形成“军事官僚专政”，“毛泽东个人掌权”的制度，社会生产是为了争夺世界霸权，因此中国不是社会主义国家，而是“民族主义的新国家”，或“社会军国主义”、“社会沙文主义”。苏联百科全书和统计年鉴1957年以前称中国是“人民民主专政国家”，1957年到1963年称中国是“社会主义类型国家”，1964年到1972年称中国是“社会主义国家”，1973年以后含糊地认为中国“六十年代初全国人民代表大会和其他代表机构的活动完全流于形式”，“七十年代初制度发挥作用的性质没有出现实质性的变化”。

中国进入改革开放新时期后，争论更加激烈，有专家提出可以把内政外交分开，中国对内恢复了正确做法，回归社会主义，外交上把“反苏”定为“国策”，脱离社会主义轨道。但越来越多的人认为，中国正在不断向右转，和帝国主义渐行渐近。1978年12月苏共中央书记苏斯洛夫就公开表示：中国已经不是社会主义国家。这些人认为“实用主义”已经控制中国，中国对外是“世界资本主义体系中的一环”，“发生了反革命性质的质变”，对内引进外资，鼓励非公有制经济发展有“进一步蜕化危险”，资产阶级可能“死灰复燃”，中国已脱离社会主义，正走向资本主义复辟。

理论界认为中国发展方向有三种可能。第一种是逐步走向科学社会主义，这可能性不大，因为极端民族主义在中国占上风;第二种是复辟资本主义或恢复革命前的社会关系,这要看形势发展,目前没有一个想复辟的阶级和社会集团;第三种维持现状,虽然"在理论上难以想象","却是最可能的","四个现代化"的目标反映了这一趋势,它是一个技术性和专家政治口号,不涉及社会革命。

官方一直把中国归于社会主义"另类"。1977年勃列日涅夫在庆祝十月革命60周年大会上说,中国是世界社会主义另一方面经验,它背离了马列主义和国际主义。1981年他在苏共二十六大总结报告上说,中国最近20年的经验表明,歪曲社会主义原则和实质会造成什么结果。直到1982年3月,为改善中苏关系,他才在塔什干讲话明确说:我们过去没有否认、现在也不否认中国存在着社会主义的社会制度。

(三)中国的对内政策是否正确

十一届三中全会前,苏联认为中国由毛主义分子领导。全会以后,苏联认为中国的指导思想是"实用主义占首位",毛主义挪到了第二位,为建立世界霸权,中国动员一切有利于自己的力量(包括国际资产阶级)。在"实用主义"引导下,中国从"假左"转到"极右",右派势力占据主导地位,特别在科学、文化、教育领域,领导集团执行与帝国主义合作政策,修正是前所未有的。

针对中国新领导人提出的"四个现代化",苏联认为中国开始回到马列主义"常识阶段",是"积极变化",但"四个现代化"的中心是军事现代化,只是野心勃勃和好大喜功的计划,"毫无现实基础"。

"文革"结束之初,中国在发展战略上仍然坚持赶超模式,1978年2月五届全国人大一次会议华国锋提出,到1985年粮食产量达到8000亿斤,钢产量6000万吨,从1978年到1985年8年间,我国农业总产值每年要增长4%—5%,工业总产值每年要增长10%以上。

苏联评论指出,粮食产量只有每年增产2000万吨,速度达6%,才能到1985年实现目标,但这是不可能的。因为中国农业太落后，机械化耕作面积只占耕地总面积1/10，相当于美国的2.5%；1978年化肥产量是4400多万吨，每亩耕地平均施肥量非常低，还得进行大规模土壤改良和水利灌溉工程。苏联认为钢产量目标也不可能实现。首先是中国钢铁工业“底子薄”，1977年钢产量按人口平均计算，落后于世界许多国家，要完成任务必须年纯增长400万吨以上，这显然“不现实”；其次电力供应匮乏，1977年中国发电量4200万千瓦，按人口平均计算每人158千瓦，列世界第48位。按现有发展速度，到1985年发电量只能达到3000亿千瓦时，比苏联、美国、日本1977年的发电量还小。

“洋跃进”失误造成国民经济比例严重失调，1979年4月中共中央工作会议立足国情，确定为期三年的“调整、巩固、充实、提高”方针，放弃高指标。苏联认为调整方针比任何一项国内政策更符合当前需要，但三年时间不够，而且难以“持久”，不可能解决复杂的经济问题。苏联断言，即使在最有利条件下，中国到2000年仍不能进入先进国家行列，经济规模最多达到苏联70年代初期的水平。

中国在调整同时大力推进经济体制改革，向企业下放经营自主权，尊重农村生产队自主权和所有权，在广东、福建两省创办经济特区，发展外向型经济，以往模式限制渐渐被突破。苏联又指责中国像南斯拉夫、罗马尼亚一样，走“市场社会主义”道路，背离了计划经济原则，在积极恢复“非社会主义和半社会主义的经济活动形式”，使社会主义阵地“受到严重削弱”，正在为西方垄断资本渗入“创造先决条件”，这就是特殊的中国模式。

（四）中国外交战略的实质是什么

苏联非常关心中国外交战略，因为它直接涉及自己全球利益。毛泽东逝世后，中国相当长时期里依据“三个世界”理论，认为苏联叛徒集团是现代修正主义的大本营，和美国一样是世界大战策源地，而且比美国更有危险性。中国希望构筑国际反霸统一战线，共同抵御苏联

1991年12月25日苏联国旗从克里姆林宫悄然降下，俄罗斯国旗缓缓升起

霸权主义。1977年11月1日，《人民日报》发表编辑部文章《毛主席关于三个世界划分的理论是对马克思列宁主义的重大贡献》，第一次公开"三个世界"理论主要观点。苏共中央机关报刊《消息报》、《工人阶级和当代世界》、《共产党人》很快发表4篇反驳文章，其中最具代表的，是1978年《共产党人》第17期的《在毛主义三个世界理论后面掩饰着什么?》。

文章指出，"三个世界"理论产生的背景是中国对苏斗争失败，毛主义开始演变，从极左、假革命姿态发展到军事政治上同世界帝国主义直接结合。"三个世界"理论对时代特征的判断只沿用了列宁20世纪初论述，没有结合最近几十年社会经济和政治发展经验去探索。"三个世界"理论用民族主义、地理政治学标准看待世界阶级力量配置，而不是用阶级标准，关于苏联蜕变成社会帝国主义的论据只是援引沙俄的政策，和东拼西凑、故意歪曲的统计材料等。文章说中国目前不具备物质基础“征服世界”，只能寄希望于苏美两国互相消耗，直到在核战中毁灭，为中国“统治世界扫清道路”，这是“三个世界”理论真正内容，也是对外政策“推动力量”。

中国改善和西方关系，另一个战略目的是打开国门，引进先进工业装备和知识理念，利用境外资本进行经济建设，苏联却认为中国只是想获得西方先进武器，为反苏事业服务。苏联批评中国放弃“自力更生”方针，转而“拜倒”在帝国主义、垄断资本面前要求巨额贷款，做出“政治和经济上的原则性让步”，更加依赖资本主义市场。勃列日涅夫甚至分别给西方国家领导人写信，告诫他们不要目光短浅，忘记慕尼黑教训，中国会在资金、技术和武器援助下发展军事工业。

光阴荏苒，岁月如梭。中国的改革开放已经走过三十多年历程，成功开辟了建设中国特色社会主义崭新道路，形成中国特色社会主义理论体系。历史和实践充分证明了当年的是非曲直，但回顾往事，仍会得出发人深省的启示和警示。

2002年勃列日涅夫的孙子回首苏联历史时，感慨地认为：中共和苏共相比，存在许多相同之处，但是两者最主要的不同点在于，中共始终是在发展和完善自己，强调居安思危，不断地给自己提出新标准、新要求。而苏共却缺少这种精神。因此，一个在朝气蓬勃向前发展，另一个却早早走下历史舞台。1978年12月中央工作会议上，邓小平深刻指出：“一个党，一个国家，一个民族，如果一切从本本出发，思想僵化，迷信盛行，那它就不能前进，它的生机就停止了，就要亡党亡国”。这段论述虽为总结“文革”教训而说，却同样适用于苏联和苏共的历史遭遇。

[选自《河北师范大学学报》

（哲学社会科学版）

2010年第4期]